유쾌 발랄
역사 지도

| 일러두기 |

국어사전에 등재되지 않은 단어는 문화재청 표기(혹은 고유 명사 표기)에 따라
모두 붙여 썼습니다.

주제로 보는 어린이 한국사 시리즈
시공간을 넘나드는 한반도 역사 여행
유쾌 발랄 역사 지도

초판 1쇄 발행 | 2015년 5월 10일
초판 2쇄 발행 | 2019년 3월 5일

글쓴이 | 이근호 · 백초이
그린이 | 정순임
펴낸이 | 이혜경
책임편집 | 홍기획
디자인 | 종이비행기

펴낸곳 | 니케주니어
출판사등록번호 | 2014년 4월 7일 제300-2014-101호
주소 | 서울시 종로구 새문안로 92 광화문 오피시아 1717호
전화 | (02) 735-9515
팩스 | (02) 735-9518

ⓒ 니케주니어, 정순임 2015

ISBN 978-89-98062-09-5 74300
ISBN 978-89-98062-08-8 (세트)

이 도서의 국립중앙도서관 출판예정도서목록(CIP)은 서지정보유통지원시스템 홈페이지(http://seoji.nl.go.kr)와
국가자료공동목록시스템(http://www.nl.go.kr/kolisnet)에서 이용하실 수 있습니다. (CIP제어번호: CIP2015010811)

잘못된 책은 구입한 서점에서 바꿔 드립니다.
이 책의 모든 저작권은 니케주니어와 그린이에게 있습니다.
허락 없이 복제하거나 다른 매체에 옮겨 실을 수 없습니다.

시공간을 넘나드는
한반도 역사여행

유쾌 발랄 역사 지도

이근호·백초이 글 | 정순임 그림

비케주니어

\ 작가의 말 /

시간과 공간이 서로 엮어져 만들어진 재미난 우리 역사

여러분, 사회과 부도를 펼쳐서 우리나라를 찾아보세요. 우리나라는 어디에 있나요? 우리나라는 북쪽으로 중국과 국경을 맞대고 바다 쪽으로 쭉 뻗어 나온 반도 국가예요. 우리나라 아래쪽 바다 건너편에는 일본이 자리 잡고 있고요.

우리 조상들은 지금으로부터 약 70만 년 전부터 이곳 한반도 땅에서 뿌리를 내리고 살았다고 해요. 이 책에서는 이처럼 까마득한 오랜 옛날부터 이곳에 살아온 조상들의 이야기, 그러니까 역사를 이야기할 거예요. 그런데 보통 '역사'하면 시간의 흐름에 따라 달라지는 사람들의 생활만을 생각하는 경우가 많아요. 하지만 역사를 공부할 때 빠뜨리지 말아야 할 중요한 것이 또 하나 있답니다. 바로 역사 속 사건들이 어디에서 일어났는가 하는 거예요.

역사 속에서 장소는 아주 중요한 역할을 해요. 예를 들어 삼국 시대에 한강을 두고 삼국이 치열하게 다투었던 일이나, 중국과 국경을 두고 있어 예부터 교류와 전쟁이 많았던 것은 모두 우리나라의 위치와 관련되어 있어요. 이처럼 역사는 시간과 공간이 서로 엮어져서 만들어지는 거예요.

    그러니 역사를 공부할 때는 지도를 펴서 역사 속 사건이 일어났던 곳을 함께 살펴보세요. 그리고 왜 그곳에서 그런 일이 벌어졌는지 이해하는 습관을 들여요. 역사를 외우지 않아도 자연스레 공부가 되는 비법이 바로 여기에 있답니다.

    자랑스런 우리 역사는 지금 우리가 지내고 있는 한반도 안에서 이어졌던 것만은 아니에요. 한반도를 중심으로 우리 조상들은 북쪽 저 멀리 만주 벌판까지 힘차게 세력을 뻗치기도 했고, 또 바닷길을 통해 서역 먼 나라까지 자유롭게 나아가기도 했어요.

    자, 그럼 이제 시대에 따라 달라지는 48가지의 지도를 모두 펼쳐 볼까요? 아름다운 한반도 땅에서 화려한 문화를 꽃피우고, 어려움이 닥치면 힘을 모아 극복해 내고, 가끔 실수를 하더라도 그것을 교훈 삼을 줄 알았던 우리 조상들의 다양한 이야기를 들어 봐요. 그리고 지금 서 있는 이곳에서 여러분은 앞으로 또 어떤 역사를 만들어 가야 할지 한번 생각해 보면 좋겠습니다.

이근호 · 백초이

 **차례**

작가의 말 4

선사 시대
우리나라 역사는 이렇게 시작되었어요

우리나라 땅에 사람이 살기 시작했어요 12
농사를 지으면서 풍요로워졌어요 14
최초의 국가, 고조선이 태어났어요 16
철을 잘 다루던 여러 나라가 생겨났어요 18
★ 사진으로 보는 선사 시대 박물관 20

삼국 시대
한반도에서 세 나라가 발전해 나갔어요

주몽이 졸본에 고구려를 세웠어요 26
온조가 한강에 백제를 세웠어요 28
사로국에서 신라가 태어났어요 30
빛나는 문화를 가진 가야가 있었어요 32
고구려가 동북아시아의 강대국이 되었어요 34

백제는 세련된 문화를 꽃피웠어요 36
신라는 삼국 중에서 가장 늦게 성장했어요 38
700년 백제의 역사가 끝나고 말았어요 40
강한 고구려가 쓰러지고 말았어요 42
신라가 삼국을 통일했어요 44
★ 사진으로 보는 삼국 시대 박물관 46

남북국 시대

남쪽과 북쪽에 두 나라가 있었어요

신라가 새로운 역사를 열었어요 52
북쪽에는 신비의 나라 발해가 있었어요 54
흔들리는 신라에서 후백제와 후고구려가 나타났어요 56
★ 사진으로 보는 남북국 시대 박물관 58

고려 시대

통일된 나라 고려가 세워졌어요

고려가 후삼국을 통일했어요 64
새로운 나라의 개혁이 시작되었어요 66
무신이 문신을 몰아내고 권력을 잡았어요 68
만적과 농민들이 들고일어났어요 70
전 세계를 휘두른 몽골군이 고려에 쳐들어왔어요 72
공민왕이 고려를 개혁했어요 74
홍건적과 왜구가 쳐들어왔어요 76
이성계가 새 나라의 꿈을 품었어요 78
★ 사진으로 보는 고려 시대 박물관 80

조선 시대

유교의 나라 조선이 열렸어요

이성계가 새 왕조 조선을 열었어요 86
한양에 경복궁이 세워졌어요 88
조선이 황금시대를 맞았어요 90
조선이 제도를 완성하고 태평성대를 열었어요 92
훈구파와 사림파가 대결을 벌였어요 94
임진왜란이 일어났어요 96

오랑캐와의 전쟁, 호란이 일어났어요 98
소현 세자는 당쟁의 희생자가 되었어요 100
여러 임금이 당파를 없애기 위해 노력했어요 102
실학자들이 조선을 개혁하고자 했어요 104
관리들의 부패에 농민들이 폭발했어요 106
새 종교가 백성들 사이에 퍼졌어요 108
서양 배들이 조선으로 몰려왔어요 110

★ 사진으로 보는 조선 시대 박물관 112

근현대
흔들리는 세계 속에서 근대화를 맞이했어요

일본과 강제로 조약을 맺었어요 118
동학 농민 운동이 일어났어요 120
명성 황후가 슬픈 죽음을 맞이했어요 122
일본에게 나라를 빼앗기고 말았어요 124
나라를 되찾기 위해 백성들이 나섰어요 126
전국에 대한 독립 만세 소리가 울려 퍼졌어요 128
만주 벌판을 달리는 독립군이 있었어요 130
해방이 되었지만 나라가 반으로 갈렸어요 132
민족의 비극, 6·25 전쟁이 일어났어요 134
민주화 투쟁이 일어났어요 136

★ 사진으로 보는 근현대 박물관 138

한국사 연표 142

선사 시대

우리나라 역사는 이렇게 시작되었어요

한반도에는 언제부터 사람이 살기 시작했을까요? 우리나라에 처음으로 사람이 살기 시작한 때는 약 70만 년 전이에요. 상상하기 어려울 정도로 오래전 일이지요? 이때에는 문자가 없었기 때문에 사람들의 생활이 글로 남아 있지 않아요. 그래서 유물과 유적으로 짐작만 할 뿐이지요. 이때를 선사 시대라고 해요. 그럼 처음으로 사람이 살고 국가가 탄생하기까지의 이야기를 지도와 함께 만나 볼까요?

기원전 약 70만 년 전

우리나라 땅에 사람이 살기 시작했어요

약 70만 년 전의 우리나라 지도

구석기 시대 유적지

지구가 처음 태어난 것은 지금으로부터 약 46억 년 전이에요. 처음 지구에는 아무것도 없다가 약 30억 년 전부터 미생물과 동식물 등 생명체가 나타나기 시작했지요. 그럼 사람은 언제부터 살았을까요? 지구가 태어나고도 한참 뒤인 약 300~450만 년 전이랍니다. 모두 상상할 수 없을 만큼 오래전이에요.

자, 이 지도는 지금으로부터 약 70만 년 전의 우리나라를 그린 것이에요. 지금 흔히 보는 지도랑은 좀 다르지요? 녹색으로 표시한 부분이 모두 육지로, 우리나라와 중국과 일본이 연결되어 있어요. 이때는 날씨가 매우 추워서 지구가 온통 얼음으로 뒤덮여 있었어요. 물이 모두 얼어 있으니 바다 수면의 높이가 낮아 오늘날 바닷속 땅이 밖으로 드러나 있었지요.

이때 처음으로 나타난 사람이 바로 우리 구석기 사람들이지.

우리들은 사냥을 하거나 열매를 따 먹으면서 살았어.

구석시 시대 사람들은 주로 동굴에 살았어요. 또 불을 발견하게 되어 고기를 익히고 주위를 따뜻하게 했답니다.

주변에서 돌을 보면 가져다가 적당히 깨어서 음식을 하거나 사냥을 하는데 도구로 이용했어요. 지금 우리가 부엌에서 쓰는 주방 도구처럼요. 이렇게 큰 돌을 떼어 만든 작은 돌 조각을 뗀석기라고 해요. 뗀석기를 도구로 삼아 쓴 이 시기는 **구석기 시대**라고 부르지요.

구석기 시대 뗀석기

뗀석기는 종류가 다양했어요. 무엇을 자를 때 썼던 주먹 도끼, 나무껍질을 다듬을 때 썼던 밀개, 짐승 가죽을 구멍 낼 때 썼던 찌르개 등이 있지요.

주먹 도끼 / 밀개 / 찌르개

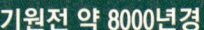

지금으로부터 1만 년쯤 전, 추운 빙하기가 끝나고 지구가 몰라보게 따뜻해졌어요. 얼음이 녹아 바닷물이 불어나자 우리나라의 지도도 지금과 비슷해졌지요.

　　날씨가 따뜻해지니 식물들이 잘 자라고 바닷가에는 살이 오른 물고기와 조개가 넘쳐 났어요. 신이 난 사람들은 아예 그곳에 자리를 잡고 고기를 잡았지요. 농사도 짓기 시작했어요. 먹을 것을 구하느라 늘 숲을 찾아 헤매던 사람들은 이제 그럴 필요가 없었어요. 이제 한군데 머물러 살며 농작물을 보살폈지요. 수확한 것들은 사람들과 함께 나눠 먹고, 남는 걸 보관하기도 했어요.

　　<mark>우리는 토기라는 그릇을 만들어 밥을 지어 먹었지.</mark>
　　<mark>뗀석기를 더 정교하게 다듬어 더욱 다양한 도구도 만들었어.</mark>

　　뗀석기보다 정교한 간석기를 사용한 이 시기를 **신석기 시대**라고 불러요.

　　그런데 생활이 풍요로워지자 달라진 게 있었어요. 다 먹고도 남는 식량이 생긴 거예요. 식량을 많이 모으면 부자가 되고, 그러지 못한 사람들은 가난해졌지요. 똑같이 일하고 똑같이 나누던 사람들 사이에서 부자와 가난한 사람이 생긴 거예요. 부자들은 마을 지배자가 되어 다른 사람들을 다스리기 시작했어요.

　　지배자는 이웃 마을에 농사짓기 더 좋은 땅이 있으면 그 땅을 차지하기 위해 이웃 마을과 싸우기도 했어요. 이때 무기도 처음 만들었답니다.

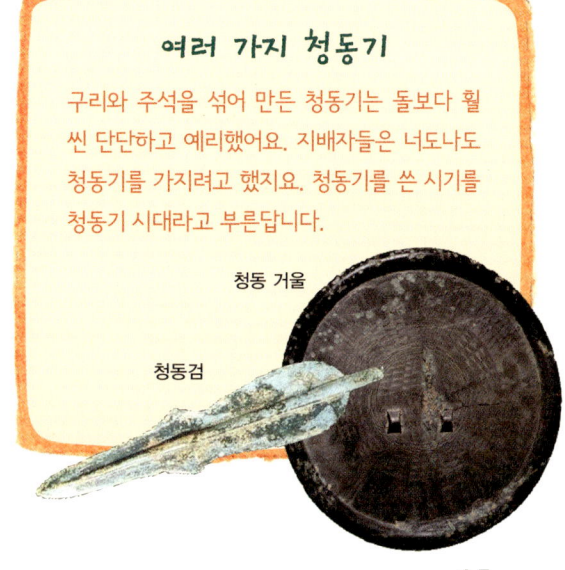

여러 가지 청동기

구리와 주석을 섞어 만든 청동기는 돌보다 훨씬 단단하고 예리했어요. 지배자들은 너도나도 청동기를 가지려고 했지요. 청동기를 쓴 시기를 청동기 시대라고 부른답니다.

청동 거울

청동검

기원전 2333년 ~ 108년

최초의 국가, 고조선이 태어났어요

우리 땅에 처음 세워진 나라는 바로 고조선이에요. 단군 신화를 보면 하늘 신의 아들인 환웅과 여자가 된 곰인 웅녀 사이에서 태어난 단군이 고조선을 세웠다고 전해지지요. 정말일까요? 신화는 사람들의 생각과 마음을 담은 이야기예요. 이 신화를 통해 고조선은 단군왕검이라고 불리는 지배자가 환웅 부족과 곰을 숭배하는 부족을 모아 세운 나라가 아니었을까 짐작해요.

　　그런데 고조선은 얼마나 큰 나라였을까요? 고인돌과 비파형 동검이 발견되는 곳을 살펴보면 당시 고조선의 영토를 알 수 있어요.

　　고조선은 한반도 북쪽 넓은 곳까지 세력을 떨쳤어.
　　이웃 나라와 힘을 겨루면서 수백 년 동안 성장한 강한 나라였지.

　　그러던 중 중국에서 위만이라는 사람이 내려와서 이전의 왕을 밀어내고 고조선의 새 왕이 되었어요. 위만은 청동보다 더 강한 철을 들여와 무기로 사용하면서 주변 지역을 더 많이 정복해 나갔답니다.

　　고조선이 이처럼 날로 발전하자 중국의 한나라는 고조선이 두려워졌어요. 힘을 더 키우기 전에 고조선을 무너뜨려야겠다고 생각하고는 전쟁을 일으켰지요. 고조선은 1년이나 용감하게 싸웠지만 결국 왕검성에서 한나라에 항복해 멸망하고 말았어요. 하지만 이것은 결코 고조선의 힘이 약했기 때문이 아니랍니다. 고조선의 지배자들끼리 서로 다투면서 멸망하게 된 것이라고 해요.

고조선 8조법

고조선에는 8개의 법이 있었어요. 지금 전해 오는 내용은 3가지인데, 이를 보면 고조선 사람들의 생활을 엿볼 수 있지요. 고조선에서는 신분 제도가 있었고, 개인의 재산을 인정했다는 걸 알 수 있어요.

- 사람을 죽인 자는 사형에 처한다.
- 남을 다치게 한 자는 곡식으로 갚는다.
- 도둑질한 사람은 종으로 삼으며 용서를 받으려면 많은 돈을 내야 한다.

고조선의 위만은 북쪽에서 철을 들여왔다고 했지요? 당시 우리나라 북쪽과 만주에서는 철로 만든 도구를 사용하고 있었어요. 그리고 점차 우리나라 남쪽에까지 철과 철기 만드는 기술이 전해졌지요. 철기는 청동기보다 만들기가 쉽고 더 단단해서 철기를 사용하는 부족은 농사를 짓거나 전쟁을 하는 데 더 유리했어요. 이러한 부족은 주변 지역을 차지하면서 점점 큰 나라로 발전했는데, 이렇게 세워진 나라가 부여, 고구려, 옥저, 동예, 삼한이에요.

그중 고조선을 이어 우리 땅에 세워진 두 번째 나라가 바로 부여예요. 동명이라는 사람이 만주의 넓은 평야에 부여를 세웠지요. 부여의 건국 신화를 보면 동명은 알에서 태어났는데 활을 아주 잘 쏘았대요. 나중에 세워지는 고구려는 부여에서 갈라져 나온 나라랍니다.

옥저는 지금 함경도 지방의 바닷가에 있던 나라야. 해산물이 많이 나고, 소금도 만들었지.

강원도 북부에 있던 나라 동예는 말과 활로 유명했어.

그러나 옥저와 동예는 나중에 고구려에 정복당하고 말아요.

우리나라 남쪽에도 나라가 있었어요. 남쪽은 날씨가 따뜻하고 큰 강이 있어서 나라가 80여 개나 있었지요. 이 나라들은 크게 마한, 진한, 변한으로 나누어져 있었는데, 통틀어 삼한이라고 했어요. 삼한에서는 벼농사가 발달했어요. 삼한에서 농사하는 데 물을 대던 저수지는 지금도 남아 있답니다.

> **여러 나라의 제천 행사**
> 각 나라는 하늘에 제사를 올렸어요. 농사짓는 데 필요한 햇빛과 비를 주는 하늘에 감사를 드리고 풍년을 빌었지요. 하늘과 사람을 이어 준다는 솟대를 세우기도 했어요.

솟대

사진으로 보는 선사 시대 박물관

 ### 우리 땅에 처음으로 사람이 살았던 흔적이 남아 있어요

충청남도 공주 석장리와 충청북도 단양 금굴에서 옛사람들이 살던 흔적이 발견되었어요. 공주 석장리에서는 주먹 도끼, 밀개, 자르개 등 구석기 사람들의 석기가 발견되었고, 단양 금굴에서는 빗살무늬 토기, 돌 그물추, 불을 사용한 흔적과 짐승 화석이 발견되었답니다.

충청남도 공주 석장리

충청북도 단양 금굴

 ### 농사를 지으며 여러 가지 도구를 만들었어요

빙하기가 끝나자 날씨가 따뜻해지면서 자연환경에 큰 변화가 생겼어요. 사람들은 이때부터 농사를 짓기 시작했답니다. 그리고 좀 더 풍요로운 생활을 할 수 있었어요. 이때는 생활에 필요한 여러 가지 도구들도 많이 발명하게 되었지요.

뿔괭이
사슴뿔을 손질해서 만든 괭이로, 나무뿌리나 돌, 잡초 등을 캐낼 때 썼어요.

돌괭이
씨를 뿌리기 위해 땅을 파는 도구예요. 손으로 잡고 쓰거나 나무 자루에 묶어서 사용했어요.

빗살무늬 토기
토기는 곡식을 담거나 요리를 하는 데 썼어요. 겉면에 빗살무늬가 새겨져 있어 빗살무늬 토기라고 불러요.

갈돌과 갈판
곡식을 갈거나 도토리 같은 단단한 열매의 껍질을 벗기는 데 썼어요.

뼈바늘
사냥한 짐승의 뼈를 날카롭게 갈아 바늘을 만들었어요. 이것으로 옷을 지었지요.

가락바퀴
실을 감는 데 쓰는 가락에 끼워서 회전을 도왔어요.

 고인돌은 지배 계급을 상징했어요

인구가 늘어나 마을이 커지고 사회가 복잡해지자 마을을 운영할 사람도 필요했어요. 이때 가진 것이 많아 남들보다 부자가 된 사람들은 부족장이 되었어요. 그리고 이런 지배자들이 죽으면 살아 있었을 때의 부유함과 권력을 죽어서도 누리고 싶은 마음으로 고인돌을 세웠답니다.

바둑판식 고인돌
남쪽 지방에서 많이 보이는 것으로, 기둥 돌이 작고 덮개돌이 크고 무거운 형태예요.

탁자식 고인돌
북쪽 지방에서 많이 보이는 것으로, 두 개의 기둥 위에 덮개돌을 올린 거예요.

우리 땅에 처음 세워진 나라 고조선의 건국 신화를 알아볼까요?

옛날 하늘 나라에는 환인이 살고 있었어요. 환인에게는 환웅이라는 아들이 있었지요. 그런데 환웅은 인간 세상에 내려가 살고 싶어 했어요. 그래서 결국은 3천 명의 백성을 데리고 태백산으로 내려와 세상을 다스렸어요.

그러던 어느 날, 곰과 호랑이가 환웅에게 와서 사람이 되게 해 달라고 빌었어요. 환웅은 쑥과 마늘을 주면서 이것을 먹으며 밖으로 나오지 말고 굴속에서만 지내라고 했어요. 곰은 쑥과 마늘만 먹으며 굴속에서 잘 참고 견뎌 사람이 되었고, 호랑이는 중간에 도망을 쳐서 사람이 되지 못했어요.

환웅은 잠깐 동안 사람이 되어 사람으로 변한 곰인 웅녀와 결혼해서 아들을 낳았어요. 그게 바로 단군이에요. 그렇게 태어난 단군은 아사달에 도읍을 정하고 고조선을 세웠답니다.

마니산 참성단
단군이 하늘에 제사를 지냈다고 전해지는 참성단이에요.

고조선 다음에는 부여, 옥저, 동예, 삼한과 같은 나라가 세워졌어요

이 나라들은 모두 철기 문화를 바탕으로 농사짓는 기술을 크게 발전시키고 문물을 잘 발달시켰어요. 그리고 이러한 풍요로움을 바탕으로 고대 국가로 나아갈 수 있는 바탕을 만들었어요.

철제 무기
철기 시대에는 철제 무기와 철제 농기구를 사용했어요.

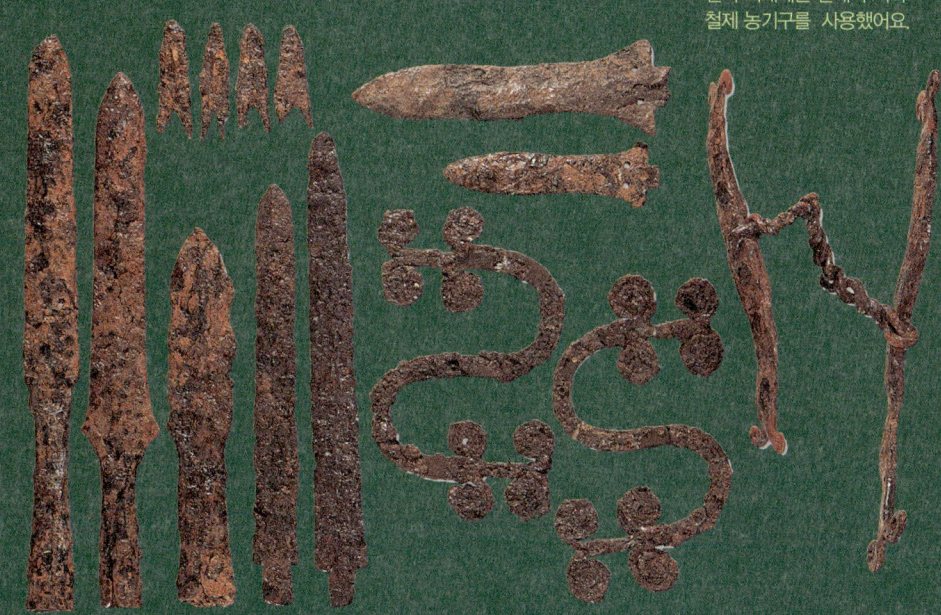

 삼한에는 소도라는 곳이 있었어요

소도는 부족장이 하늘에 제사를 지내는 특별한 장소였어요. 이곳은 신성한 장소라서 아무나 함부로 드나들 수 없었지요. 또한 삼한은 정치와 제사를 분리했기 때문에 죄를 저지른 사람이라도 소도로 도망치면 잡을 수가 없었다고 해요.

솟대
신성한 장소인 소도의 경계를 표시하는 깃대예요. 깃대 위에 새를 장식한 것은 새가 땅과 하늘을 이어 주는 역할을 한다고 믿었기 때문이에요.

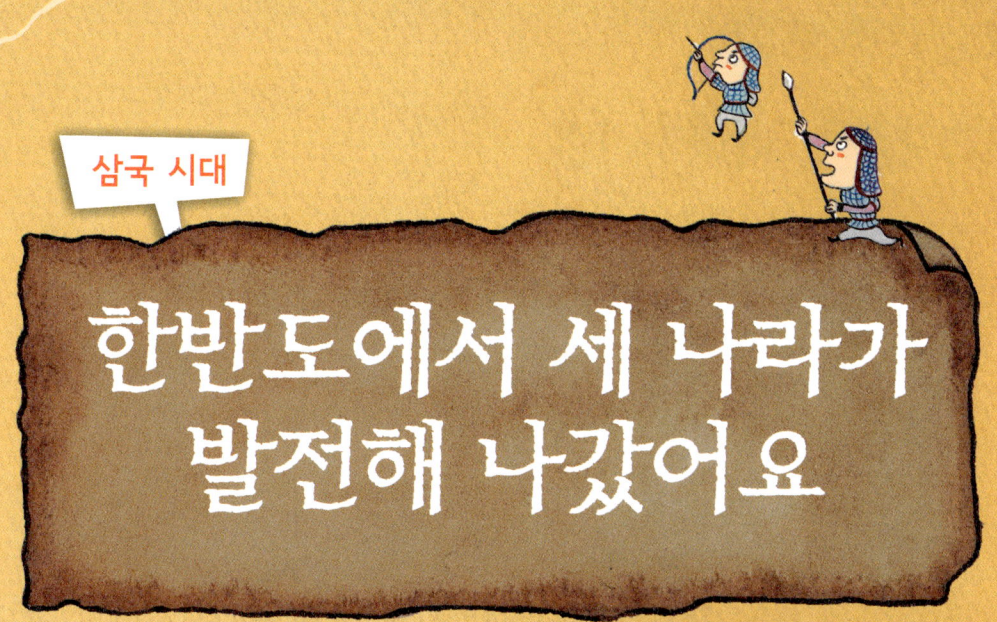

삼국 시대

한반도에서 세 나라가 발전해 나갔어요

한반도에 있던 나라 중 세 나라가 중앙 집권 체제를 갖추면서 성장하기 시작했어요. 우리 민족의 힘찬 기상을 만천하에 떨친 자랑스러운 나라 고구려, 고구려와 한 핏줄에서 갈라져 나온 나라로 찬란한 문화를 꽃피웠던 백제, 삼국 중에서 가장 발달이 늦었지만 강한 나라로 성장한 신라이지요. 이 세 나라는 서로 경쟁하며 삼국 시대를 이끌어 갔어요. 여기에 창조적인 문화를 가꾸었던 나라 가야까지, 함께 이 나라들로 지도 여행을 떠나 볼까요?

시간이 흐르자 한반도에 있던 여러 나라 중 세 나라가 우뚝 서게 되었어요. 그중 **고구려**로 먼저 떠나 볼까요? 고구려는 부여에서 갈라져 나온 나라랍니다. 주몽은 하늘 신 해모수와 유화 부인 사이에서 태어났어요. 주몽은 알에서 태어났는데 어릴 때부터 활을 아주 잘 쏘았대요. 부여 왕 아래서 살던 주몽은 다른 왕자들의 질투 때문에 부여를 떠나 남쪽으로 내려오게 돼요. 그리고 압록강 근처 졸본에 고구려를 세웠지요.

고구려가 처음 자리 잡은 졸본은 산이 많은 곳이라 적을 막기에는 좋았지만 농사를 짓기가 어려웠어요. 그래서 농사지을 좋은 땅을 차지하기 위해 주변 여러 나라와 싸움을 벌이기도 했지요. 주몽의 뒤를 이은 유리왕은 날씨가 좋고 농사가 잘 되는 압록강가의 국내성으로 수도를 옮겼어요.

우리 고구려는 옥저와 동예를 차지하고, 북쪽으로 압록강 일대와 만주까지 땅을 넓혔어.

다른 나라와의 전쟁뿐만 아니라 나라 안도 튼튼하게 정비해 나갔지.

왕은 가난한 백성들에게 곡식을 빌려 주며 어려움을 다독여 주었어요. 또한 여러 백성들의 마음을 하나로 모으고 왕의 권위를 높이기 위해 불교를 받아들였어요. 그래서 이 시기에는 불교의 영향을 받은 절과 탑, 불상도 많이 만들어졌답니다.

고구려 무덤 벽화

왕과 귀족의 무덤에는 그림이 그려져 있어요. 시중을 드는 사람의 모습이 다른 사람보다 작게 그려져 있는 것을 통해 고구려의 신분 제도를 들여다볼 수 있어요.

수산리 고분 벽화

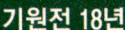

온조가 한강에 백제를 세웠어요

기원전 18년

지금의 한강 근처에는 백제가 세워졌어요. 백제를 세운 사람은 온조와 비류랍니다. 그런데 온조와 비류는 고구려 주몽의 아들이었대요. 그런데 왜 고구려의 아들들이 다른 나라를 세웠을까요? 주몽이 고구려를 세우려고 부여를 떠나올 때 두고 온 아내가 있었어요. 이 아내가 낳은 아들이 유리였는데, 유리가 주몽을 이어 고구려 두 번째 왕이 되었거든요.

비류와 온조는 주몽이 나중에 결혼한 소서노가 낳은 아들들이에요. 유리가 고구려의 두 번째 왕이 되자 비류와 온조는 새 나라를 세우기로 결심하고 신하와 백성들을 데리고 떠난 것이었지요.

그리고 온조가 한강 근처 위례성에 **백제**를 세웠어!

백제는 마한의 여러 나라 중 하나였지만 북쪽에서 내려오는 사람들을 받아들이고, 마한의 다른 나라들과 싸우면서 점점 큰 나라가 되었지.

백제는 마한을 거의 다 차지하고 지금의 서울을 중심으로 해 우리나라의 중부와 남부 지방 일부를 다스리는 큰 나라가 되었답니다.

백제는 나라를 세우자마자 빨리 발전할 수 있었어요. 한강 물길과 서해를 이용해 다른 나라와 활발하게 무역을 했거든요. 백제는 중국, 일본과 자주 왕래했고, 특히 일본에는 발달된 문화와 기술을 많이 전해 주었답니다.

백제의 첫 수도, 풍납토성

풍납토성은 백제의 첫 수도로 짐작되는 곳이에요. 이곳의 성곽과 여기서 나온 도자기, 허리띠 장식 등 유물은 백제가 수준 높은 기술을 가진 나라였음을 보여 줘요.

풍납토성과 유물

기원전 57년

사로국에서 신라가 태어났어요

신라는 지금의 경주 땅에 자리했던 진한의 한 나라, 사로국에서 시작되었어요. 우리나라 가장 남쪽 외진 땅인 이곳에도 오래전부터 사람들이 모여 살았어요. 이곳에 살던 사람들은 고조선이 멸망해 남쪽으로 내려온 사람들과 함께 나라를 세웠지요.

처음에는 왕이 없어 여러 마을 어른들이 함께 나랏일을 보았지.
그러다 박혁거세가 첫 왕이 되었어. 박혁거세는 알에서 태어났다고!

어느 날 사로국의 촌장이 우물가에서 흰 말이 울고 있는 것을 보았대요. 가까이 가 보니 커다란 알이 있었지요. 알에서는 눈부시도록 빛이 나는 사내아이가 태어났는데, 이 아이가 바로 박혁거세였어요. 박혁거세뿐만 아니라 알에서 태어났다고 전해지는 석 씨인 왕과 김 씨인 왕이 또 있었어요. 그리고 오랫동안 이 세 성씨의 가문이 돌아가며 왕을 했지요.

사로국은 503년 지증왕 때 나라의 이름을 **신라**라고 했어요. 신라 역시 고구려와 백제처럼 주변 여러 나라들을 차지하면서 서서히 큰 나라가 되었어요.

고구려와 백제, 신라는 모두 작은 나라에서 시작해 끊임없는 전쟁을 치르면서 큰 나라로 성장해 갔어요. 이렇게 우리나라가 나라 셋으로 나뉘어져 있던 때를 **삼국 시대**라고 한답니다. 그리고 삼국은 서로 더 강한 나라가 되기 위해 치열하게 경쟁하기 시작했어요.

소백산맥과 신라

높은 산이 솟아 있는 소백산맥은 신라를 적으로부터 지켜 주는 훌륭한 방어막이었어요. 그러나 한편으로는 다른 지방과 왕래를 어렵게 해서 고구려나 백제보다 발전을 더디게 했어요.

기원전 42년

빛나는 문화를 가진 가야가 있었어요

나중에 신라가 된 사로국이 발전하고 있을 때, 낙동강 서쪽에는 작은 나라들이 모여 변한을 이루고 있었어요. 변한의 나라 중 구야국에는 간이라고 부르는 촌장이 아홉 명 있었지요. 이 아홉 간들이 어느 날 제사를 지내러 모였는데 어디선가 이상한 목소리가 들렸어요.

"내가 이곳에 나라를 세워 왕이 될 것이다. 노래를 부르고 춤을 춰라."

아홉 간이 그 말대로 노래를 부르고 춤을 추자 하늘에서 줄이 내려왔어요. 줄 끝에는 황금 상자가 매달려 있었고, 알 여섯 개가 들어 있었어요.

며칠 뒤 알에서 사내아이들이 태어났어.

가장 처음 태어난 수로는 나중에 **가야**의 첫 왕이 되었지.

또 알에서 태어난 나머지 다섯 아이들도 각각 왕이 되어 가야는 모두 여섯 나라가 되었답니다.

가야 땅에서는 철이 많이 났어요. 멀리 중국과 바다 건너 일본 등 주변 나라들은 품질 좋은 철을 구하기 위해 가야로 모여들었답니다. 이렇게 해 가야는 무역의 중심지로 성장해 나갔지만 강한 나라가 채 되기 전에 신라에게 정복당했어요.

그러나 가야의 아름다운 문화는 신라에 고스란히 전해졌어요. 신라의 장군 김유신과 가야금을 만든 악사 우륵은 모두 신라로 건너간 가야 사람이었다고 해요.

가야의 토기

가야의 자유롭고 창조적인 문화를 잘 보여 주는 것이 바로 토기예요. 단순한 그릇을 넘어 집, 수레바퀴, 동물 등 다양한 모양으로 만들었지요.

가야의 토기들

5세기
고구려가 동북아시아의 강대국이 되었어요

고구려 하면 가장 먼저 생각나는 왕이 있어요. 바로 광개토 대왕이에요. 바로 광개토 대왕 때 고구려가 동북아시아를 주름잡는 아주 강한 나라로 성장했기 때문이지요.

당시는 중국이 여러 나라로 갈라져서 정신이 없었던 때였어요. 고구려는 이때가 중국으로 땅을 넓히기 가장 좋은 기회라고 생각했어요. 결국 광개토 대왕은 임진강에서부터 만주에 이르는 드넓은 땅을 모두 고구려의 영토로 만들었답니다. 뒤를 이은 장수왕 역시 넓어진 고구려 땅을 잘 다스렸어요. 또 나라 안을 안정시키고, 중국의 여러 나라와 교류도 했지요. 광개토 대왕이 북쪽으로 땅을 넓혔다면 장수왕은 남쪽으로 눈을 돌렸어요.

바로 한강을 차지하기 위해서였지.

한강은 아주 중요한 곳이야. 교통의 요지에다가 중국으로 쉽게 갈 수 있는 길이었거든.

고구려는 남쪽의 백제를 공격해 한강 땅을 빼앗았어요. 한강의 새 주인이 된 고구려는 더욱 부강한 나라가 되었지요.

고구려는 중국과의 국경에 위치하고 있었기 때문에 중국의 나라들과 자주 전쟁을 해야만 했어요. 하지만 단 한 번도 굴하지 않고 나라를 잘 지켜 냈지요. 수나라가 침략해 왔을 때는 을지문덕 장군이 살수 대첩으로, 당나라가 쳐들어왔을 때에는 안시성에서 양만춘 장군의 군대가 용감하게 나라를 지켰답니다.

광개토 대왕비

고구려의 수도였던 국내성에는 광개토 대왕비가 있어요. 광개토 대왕의 업적을 기리기 위해 그의 아들이었던 장수왕이 세웠지요. 이 비는 높이가 6미터가 넘는 큰 규모로 옛 고구려의 웅장한 기운을 느끼게 해요.

고구려가 수많은 전쟁을 치르며 북쪽으로 땅을 넓힌 강한 나라였다면 백제는 섬세하고 세련된 문화를 지닌 나라였어요. 백제의 수도는 한강 근처의 한성(위례성)이었어요.

이곳은 한강과 서해를 끼고 있어 중국, 일본과 교류하기 좋았어요. 또 평야와 풍부한 물이 있어서 농사가 발달했지요. 넓은 평야를 황금빛으로 물들이는 곡식은 백제 백성들이 풍족하게 살 수 있도록 해 주었답니다. 백제는 근초고왕 때 남쪽으로는 전라도 지역까지, 북쪽으로는 평양 근처까지 땅을 넓히기도 했어요.

풍요롭고 넉넉했던 백제는 아름답고 세련된 문화를 발전시켰지.

서해 바닷길의 주인인 백제는 중국 문화를 받아들여서 삼국 중에서도 문물이 가장 발달했어.

하지만 고구려의 힘이 커지자 백제는 점차 힘을 잃게 되었어요. 475년, 고구려 장수왕에게 한강을 빼앗긴 백제는 남쪽(웅진)으로 더 내려갈 수밖에 없었어요. 백제는 한강을 빼앗기고 서서히 힘을 잃었지요.

예전의 풍요로운 백제를 그리워하던 왕과 백성들은 다시 사비로 수도를 옮기고 차근차근 힘을 길렀어요. 그리고 무령왕과 성왕에 이르러 다시 예전의 활기를 되찾았지요. 성왕은 고구려를 공격해 다시 한강 근처 땅을 되찾았으나 곧 신라에게 빼앗겼어요. 백제는 이렇듯 고구려와 신라 사이에서 꿋꿋하게 나라를 이어 나갔답니다.

삼국과 한강

한강은 한반도의 중심에 있고, 비옥한 땅이 넓게 펼쳐져 있어 지리적으로 중요한 곳이었어요. 뿐만 아니라 서해를 통해 중국과 교류도 쉽게 할 수 있었지요. 그래서 삼국은 한강을 두고 내내 치열하게 대립했어요.

신라는 삼국 중에서 가장 늦게 성장했어요. 그 이유는 신라의 위치와 관계가 있답니다. 신라의 수도는 지금의 경주인 금성이었어요. 이곳은 태백산맥과 소백산맥의 아래쪽에 있으면서 동쪽으로는 동해 바다와 맞닿아 있지요. 태백산맥과 소백산맥은 산이 매우 험해요. 또 다른 한쪽은 바다이다 보니 신라는 다른 지방과 교류하기가 이래저래 어려웠어요.

　　이렇다 보니 새로운 문물이 신라로 잘 전해질 수가 없었어요. 그래서 삼국 중 가장 힘이 약하고 발전이 더뎠지요.

　　신라가 강한 나라가 되기 시작한 건 바로 한강을 차지하고 나서야.

　　신라는 진흥왕 때 백제와 손을 잡고 고구려를 공격하기까지 했어.

　　당시 가장 두려운 상대였던 고구려와 맞서기 위해 신라와 백제는 오랫동안 동맹을 맺었어요. 결국 신라와 백제는 힘을 모아 고구려가 차지하던 한강을 빼앗고 사이좋게 땅을 나누었지요. 하지만 곧 신라는 백제마저 공격해 한강 땅을 독차지했어요. 그 뒤로는 중국과도 교류할 정도로 발전해 나갔지요.

　　신라에게 뜻밖의 공격을 당했던 백제는 신라를 계속 공격했어요. 백제에게 시달리던 신라는 다른 나라의 도움을 필요로 했어요. 그리고 결국 중국의 당나라에게 손을 내밀게 되지요. 이 일로 삼국의 경쟁에 당나라까지 끼어들게 되었답니다.

진흥왕 순수비

백제를 몰아내고 한강을 독차지한 신라의 진흥왕은 승리를 기념하는 비를 세웠어요. 바로 북한산에 세워진 진흥왕 순수비예요. 신라의 땅이 커지면서 기념비들도 더 늘어났답니다.

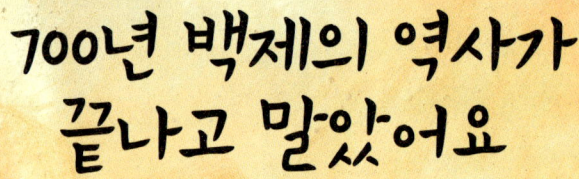

600년에 백제의 왕이 된 무왕은 풍요로웠던 옛 백제를 너무나 그리워했어요. 옛 백제 땅을 모두 찾고 싶어 했던 무왕은 한강을 빼앗은 신라를 매섭게 공격했지요. 그 뒤를 이은 의자왕도 역시 신라를 공격하는 데 온 힘을 쏟았어요. 하지만 이러한 전쟁은 백성들에게는 참 고달픈 일이었답니다. 전쟁에 끌려 나가 죽거나 다치고, 생활은 점점 더 어려워졌거든요.

한편 신라는 치열한 삼국의 경쟁에서 가장 늦게 성장했지만 마지막 승리를 위해 하나씩 단계를 밟아 나가고 있었어요. 먼저 신라는 당나라와 손을 잡고 백제의 수도 사비성을 공격했어요.

그렇게 해 신라와 백제의 마지막 전투가 된 것이 황산벌 전투야.

백제의 계백 장군과 군사들은 처음에는 신라의 김유신 장군과 군사들을 위협했지만 결국은 지고 말았지.

그렇게 계백 장군과 백제의 군사들은 모두 죽고 사비성은 신라에게 넘어가고 말았어요. 백제의 의자왕은 미리 몸을 피했어요. 그러나 웅진성에서 당나라에 항복하고 당나라로 끌려갔답니다. 의자왕은 결국 당나라에서 병이 들어 죽었다고 전해지지요.

그 뒤로도 백제를 다시 일으키기 위해 곳곳에서 군사들이 일어났어요. 하지면 결국 백제는 다시 일어나지 못했지요. 그리고 찬란했던 백제의 역사도 그렇게 저물고 말았답니다.

백마강과 낙화암

낙화암은 백마강에 자리 잡은 절벽으로 백제의 슬픈 역사가 깃들어 있어요. 전쟁 당시 당나라 군사들을 피해 도망치던 백제의 궁녀 3천 명이 몸을 던진 곳이라고 해서 이름 붙여졌지요.

668년

강한 고구려가 쓰러지고 말았어요

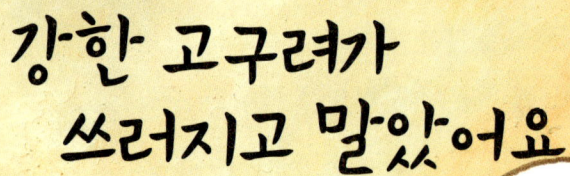

신라와 함께 백제를 멸망시킨 당나라는 이번에는 고구려를 노렸어요. 당나라는 먼저 백제를 무너뜨리고 고구려까지 차지하려 했지요. 당나라 군대는 고구려의 수도인 평양성으로 쳐들어갔어요.

하지만 고구려의 힘은 여전히 대단했어요. 당나라는 고구려 연개소문 장군과의 싸움에서 크게 졌고, 결국 자기네 나라로 돌아가고 말았어요.

연개소문 장군은 고구려 최고 권력자로 당해 낼 사람이 없었어.

하지만 그런 고구려가 흔들리기 시작했어!

연개소문 장군이 죽은 다음, 연개소문 장군의 세 아들이 나라의 권력을 서로 차지하기 위해서 끊임없이 싸움을 벌였거든요. 또 고구려의 귀족들 중에는 당나라나 신라로 도망치는 사람도 있었어요.

고구려의 사정이 이렇게 어려워지자 당나라는 이때다 싶어 고구려를 다시 공격했어요. 그토록 강했던 고구려의 국경은 순식간에 무너졌어요. 또 신라가 당나라를 도와주어 결국 고구려의 수도인 평양성까지 빼앗겼지요.

평양성이 무너진 뒤에 고구려의 왕과 귀족들은 당나라에 항복했어요. 하지만 백제와 마찬가지로 고구려 땅 곳곳에서는 당나라에 맞서 싸우는 사람들이 계속 나타났어요.

고구려 사람들 역시 마지막까지 동북아시아를 호령했던 굳센 나라, 고구려를 지켜 내고 싶었던 것이겠지요?

평양성
고구려가 국내성에서 평양으로 수도를 옮긴 뒤 세운 성이에요. 한 나라의 수도에는 이처럼 수도를 둘러싼 성벽이 있어서 왕궁을 마지막까지 지켜 냈어요.

평양성 현무문

676년

신라가 삼국을 통일했어요

백제와 고구려가 무너지자 한반도에는 신라밖에 남지 않았어요. 하지만 남아 있는 신라가 삼국을 통일한 것은 아니었어요. 당나라가 중간에 끼어 있었거든요. 두 나라가 멸망하자 당나라는 한반도가 자기네 땅이 되었다고 생각했어요. 그리고 신라를 당나라의 지배 아래 두려고 했답니다.

그러자 신라는 한반도를 지키기 위해 당나라와 맹렬하게 싸우기 시작했어요. 고구려, 백제, 신라의 백성들은 더 이상 따로가 아니었어요. 모두가 한마음 한뜻이 되어 한반도에서 당나라를 몰아내기 위해 힘을 모았지요.

675년, 김유신 장군과 신라의 군사들은 당나라 군사들의 말을 모두 빼앗고 전쟁에서 승리했답니다. 그 뒤 당나라 군사들은 배를 타고 바다로 또 쳐들어왔지만 용감한 신라의 군사들은 물 위에서 벌어진 수십 차례 전투에서 모두 승리해 당나라 군사들을 보기 좋게 내쫓았어요.

이렇게 당나라는 한반도에서 모두 돌아가게 돼!

신라는 676년 드디어 한반도 남쪽을 거의 다 다스리게 되었지!

하지만 신라는 삼국과의 경쟁에서 당나라를 끌어들이는 바람에 원래 고구려 땅이었던 북쪽 지역과 만주를 빼앗기고 말았어요. 어쨌든 전쟁은 끝났어요. 신라가 삼국을 통일하자 오랜 전쟁에 지쳤던 백성들은 이제 제자리로 돌아가 농사를 지으며 평화롭게 살 수 있게 되었답니다.

대왕암

신라의 문무왕은 당나라를 몰아내면서 죽어서도 나라를 지키겠다고 말했어요. 용이 되어 동해 바다에서 나라를 지키겠다는 유언에 따라 문무왕은 죽은 뒤 이곳에서 장사를 지냈대요.

사진으로 보는 삼국 시대 박물관

 ## 삼국의 문화유산에는 불교의 흔적이 남아 있어요

불교는 부처님의 가르침을 따르는 종교예요. 인도에서 처음 일어난 불교가 중국을 거쳐 한반도로 전해질 무렵, 고구려와 백제, 신라의 삼국은 서로 힘을 겨루며 세력을 키워 가고 있었지요. 삼국은 그 과정에서 모두 불교를 나라의 종교로 삼았답니다. 삼국은 왕을 중심으로 하는 강한 중앙 집권 국가를 만들기 위해 백성들이 따로 섬기는 신을 버리게 하고 불교라는 하나의 종교로 백성들을 다스렸어요. 또 부처님을 섬기듯 왕을 섬기게 해서 권력을 더욱 강하게 했지요. 이렇게 정치를 하는 데 중요한 역할을 해 주었던 불교는 각 나라의 문화유산에도 고스란히 남겨져 지금까지 전해진답니다.

부처와 보살
백제의 유물로 앞면에는 부처와 보살이, 뒷면에는 산이 표현되어 있어요. 백제 특유의 절제된 아름다움을 보여 줘요.

 ## 고구려에는 삼국 중 가장 처음으로 불교가 전해졌어요

372년 소수림왕 때 중국의 전진에서 온 순도라는 승려가 고구려에 불상과 불경을 전했어요. 이렇게 고구려에 불교가 전래된 다음, 불교는 나라의 보호를 받으면서 아주 빠르게 퍼져 나갔답니다.

고구려 시대 고분의 벽화
부처님에게 예배를 올리는 사람들의 모습이 그려져 있어요.

백제는 384년 침류왕 때 불교가 전해졌어요

백제는 섬세하고 세련된 불교 문화유산을 많이 남겼어요. 백제는 당시 삼국 중 일본과 가장 교류가 많았는데, 불교문화를 일본에도 많이 전해 주었답니다. 이것으로 일본에서는 아스카 문화가 발달하게 돼요.

미륵사지 석탑(복원 전)
탑은 부처님의 사리를 모시거나 덕을 기리기 위해 세우는 건축물이에요. 미륵사지 석탑은 우리나라에 남아 있는 탑 중에서 가장 오래되고 규모가 큰 석탑이에요.

금동 미륵보살 반가 사유상
부처님이 한쪽 다리를 다른 쪽 다리에 걸치고 앉아 깊은 생각에 잠겨 있는 모습을 표현했어요. 일본에도 비슷한 생김새를 가진 목조 미륵보살 반가 사유상이 있어 우리나라의 영향을 받은 것으로 보여요.

백제의 정림사지 5층 석탑
백제가 사비(부여)로 수도를 옮기고 정림사에 세운 탑이에요. 전체적인 모습이 우아하고 아름다운 백제의 대표적인 석탑이에요.

신라는 불교를 인정하는 데 오랜 시간이 걸렸어요

신라는 예부터 전해 내려오는 신앙이 고구려나 백제보다 더욱 강하게 남아 있었어요. 또 이 신앙은 주로 귀족들이 섬겼기 때문에 귀족들은 불교가 들어오는 것을 심하게 반대했지요. 충성스런 신하 이차돈의 희생으로 마침내 527년 법흥왕 때 불교가 공인될 수 있었어요.

황룡사 9층 목탑
신라가 다른 나라로부터 나라를 지키고 왕의 권위를 보여 주기 위해 황룡사에 지었던 9층짜리 목탑이에요. 하지만 고려 때 불에 타 지금은 남아 있지 않아요.

황룡사 터
황룡사는 신라 진흥왕 때 짓기 시작한 것으로 신라에서 규모가 가장 큰 절이었어요. 그러나 전쟁으로 불타고 지금은 터만 남아 있어요.

분황사 석탑
지금 남아 있는 신라의 석탑 가운데 가장 오래되었어요. 돌을 벽돌처럼 깎아 9층으로 쌓은 탑이지만 지금은 3층만 남아 있어요. 신라 선덕 여왕이 분황사를 세우며 쌓은 탑이에요.

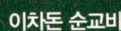

이차돈 순교비
신라가 불교를 받아들이도록 한 이차돈이 죽은 지 290년이 지난 818년에 세운 비예요. 잘린 이차돈의 목에서 하얀 피가 솟구치는 모습이 새겨져 있어요.

일본의 아스카 문화에 대해 알아볼까요?

백제가 전해 준 불교문화를 통해 일본은 아스카 문화를 이루었어요. 아스카 문화는 일본 최초의 불교문화인데, 국제성이 잘 드러나는 것이 특징이지요. 당시 완성된 유물들을 보면 백제뿐만 아니라 고구려, 신라의 영향도 많이 받은 것을 알 수 있어요.

호류사 5층 목탑
백제의 영향을 받은 탑이에요. 백제가 일본에 기술을 전해 준 것으로 보여요.

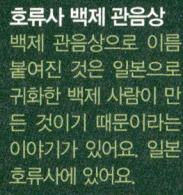
호류사 백제 관음상
백제 관음상으로 이름 붙여진 것은 일본으로 귀화한 백제 사람이 만든 것이기 때문이라는 이야기가 있어요. 일본 호류사에 있어요.

금당 벽화
백제뿐만 아니라 고구려도 일본에게 문화를 전해 주었어요. 고구려의 승려였던 담징이 그린 일본 호류사의 금당 벽화예요. 지금은 복원된 것만이 남아 있지요.

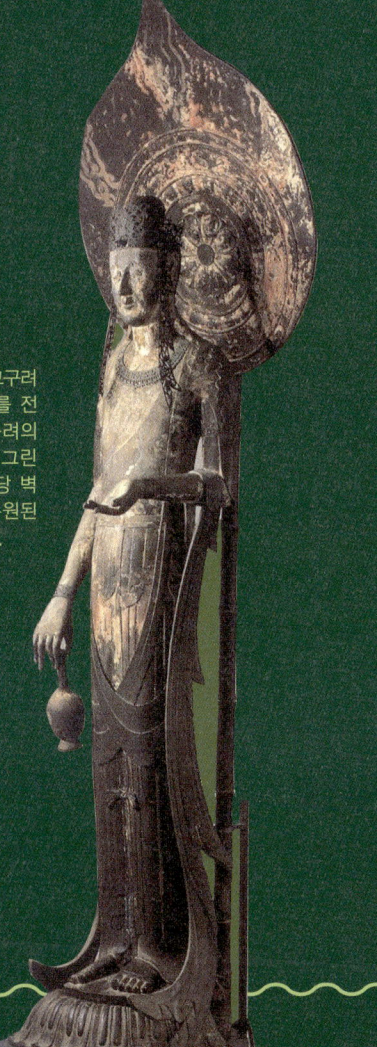

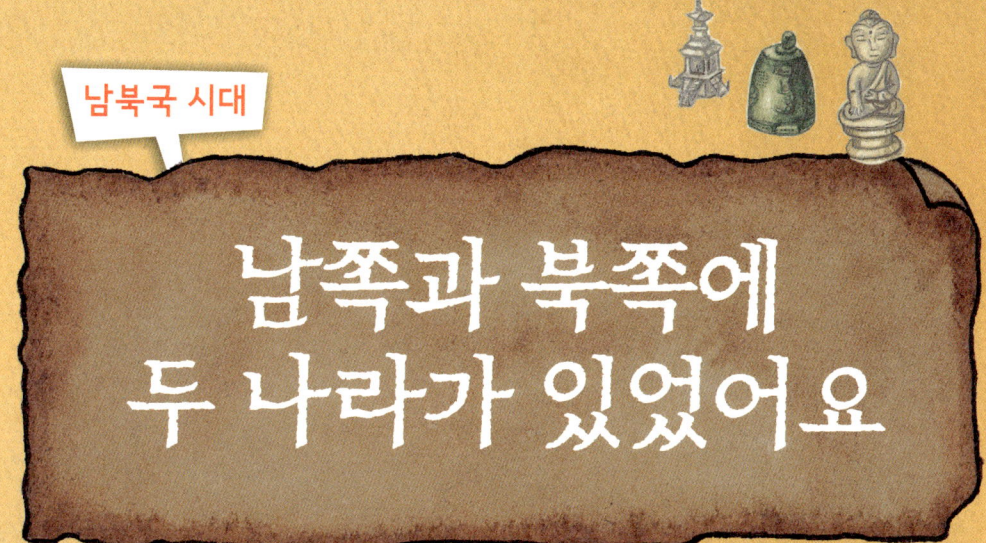

남북국 시대

남쪽과 북쪽에 두 나라가 있었어요

고구려, 백제, 신라, 이들 삼국 사이에서 오랫동안 이어졌던 전쟁이 끝나고 이제 통일된 신라에서 새로운 역사가 시작되었어요. 참, 이 시기에 신라만 있었던 것은 아니랍니다. 북쪽에는 고구려 유민들이 세운 나라인 발해가 있어 신라와 서로 공존하고 경쟁하며 발전해 갔지요. 이 시대를 남북국 시대라고 부른답니다. 자, 그럼 신라와 발해의 역사 속으로 지도 여행을 떠나 볼까요?

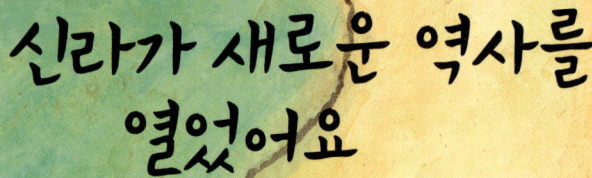

751년~8세기
신라가 새로운 역사를 열었어요

오랫동안 이어졌던 삼국의 경쟁이 끝나고 새로운 역사가 시작되었어요. 이제는 전쟁도 끝나고, 한반도를 통일한 신라는 200년 동안이나 평화를 누리며 슬기롭게 나라를 꾸려 갔어요. 그 이야기를 들어 볼까요?

　한반도 남쪽을 모두 차지한 신라는 넓어진 땅을 잘 다스리기 위해 전국을 9개의 주로 나누었어요. 넓어진 땅에 비해 수도 금성이 너무 남쪽에 있었기 때문에 지방 중심지에는 5소경을 다시 세워 나라 구석구석까지 잘 돌볼 수 있도록 했지요.

　신라의 신문왕은 귀족을 누르고 왕의 힘을 키웠어요. 귀족이 마음대로 백성들을 부리지 못하게 하고, 땅을 너무 많이 가지지 않도록 벼슬에 맞게 땅을 나누어 주었지요. 또 국학을 세워 신분에 상관없이 능력 있는 사람이 관리가 되도록 했어요. 신라는 비로소 경덕왕 때 전성기를 맞았지요.

　불국사, 석굴암 등 뛰어난 문화재가 모두 이때 만들어졌어.
　예술과 문화, 정치와 농업, 상업이 모두 발달해 번영을 누렸지.

　나라가 부유해지면서 금성에는 대궐 같은 기와집들이 줄줄이 세워졌고 귀족들은 화려한 생활을 했어요.

　또 신라는 활발한 무역을 하며 세계와 교류했어요. 유명한 장군 장보고는 오늘날 전라남도 완도의 청해진에서 서해와 남해의 해상권을 장악하고 당나라, 일본과 왕래했답니다.

혜초의 《왕오천축국전》

신라의 혜초는 불교를 공부하러 부처님이 나신 땅인 천축으로 갔어요. 천축은 인도지요. 《왕오천축국전》은 최초의 여행가였던 혜초가 천축과 이슬람 세계를 여행하고 남긴 책이랍니다.

《왕오천축국전》이 발견된 중국 둔황 석굴

신라가 대동강 남쪽을 모두 차지하고 태평성대를 누릴 때예요. 북쪽 땅에는 멸망한 옛 고구려 사람들이 살고 있었어요. 고구려 장수였던 대조영은 옛 고구려 사람들과 말갈족을 이끌고 동모산으로 가서 나라를 세웠답니다. 그리고 자신들을 고구려의 후손이라고 했어요. 이렇게 세워진 나라인 **발해**는 눈부시게 성장했지요. 돌궐, 신라와 교류를 하며 힘을 키우고, 고구려의 옛 땅을 하나씩 되찾아 갔어요.

　그렇게 발해가 무섭게 성장하자 당나라는 두려워하기 시작했어요. 결국 당나라는 발해와 친하게 지내기로 약속을 하고는 대조영을 발해군왕이라고 높여 불렀어요. 그 전에 발해는 진국이라고 불렸지만 이 일이 있은 다음부터 발해라고 이름도 바꾸게 되었지요.

> 발해는 고구려 문화에 당나라 문화를 더해 독특한 문화를 만들어 냈어.

> 발해의 땅은 더욱 넓어져 '바다 동쪽의 번영한 나라'라는 뜻인 해동성국이라 불리기도 했지.

　발해는 세계로 뻗어 나가는 교역국이기도 했어요. 사방으로 열린 길을 따라 서쪽의 당나라와 중앙아시아, 북쪽의 시베리아, 동쪽의 일본, 남쪽의 신라와 교류했지요. 하지만 발해는 926년, 거란이 쳐들어오면서 결국 무너지고 말아요. 하지만 고구려보다 더 넓은 땅을 차지하고 뛰어난 문화를 가졌던 발해를 그 뒤로도 많은 사람들이 잊지 못했답니다.

정효 공주 무덤

잘 알려지지 않았던 발해의 역사와 생활 모습을 알려 준 소중한 유물이에요. 정효 공주가 일찍 죽자 아버지인 문왕이 공주를 위해 만든 화려한 무덤이랍니다.

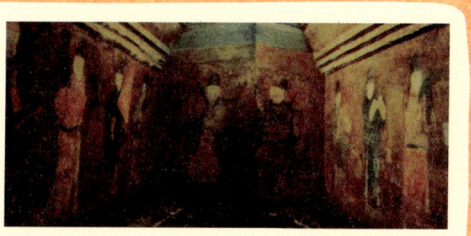

정효 공주 무덤 벽화

900~936년

흔들리는 신라에서 후백제와 후고구려가 나타났어요

날로 번영하는 화려한 신라의 모습 뒤에는 어두운 그림자도 있었어요. 수도 금성에 사는 귀족들은 사치를 부리며 호화로운 생활을 했지만 그러한 귀족들 때문에 나라 살림은 점점 더 어려워졌어요. 그것은 또 백성들의 세금으로 고스란히 돌아갔지요.

　　어려움을 참기만 했던 백성들은 더 이상 견딜 수 없다며 하나둘씩 일어났어요. 나라 곳곳에는 도둑이 들끓었지요. 지방에서는 스스로 군사들을 모아 힘을 키우고 장군이 되는 사람들도 생겨났어요. 이 사람들을 호족이라고 해요. 신라에 실망한 어떤 사람들은 예전의 백제와 고구려를 그리워하기도 했고요.

　　그때 견훤이라는 사람은 지금의 전주 땅에 자리를 잡고 나라를 세웠어.

　　부유한 농민의 아들로 태어난 견훤은 여러 지방을 돌아다니며 백성들의 어려움을 들었어요. 그리고 백제를 잇는 **후백제**를 건국했지요. 견훤은 원래 신라 사람이었지만 옛 백제 땅에 나라를 세워 백제를 그리워하는 백성들을 마음을 얻었답니다.

　　궁예는 옛 고구려 땅인 송악(개성)에 **후고구려**를 세웠어. 나중에는 수도를 철원으로 옮겼고.

　　궁예는 특히 부처님의 힘을 빌어 강한 권력을 가진 왕이 되려 했지요.

　　이제 한반도는 후백제, 후고구려와 남은 신라까지 또 셋으로 갈렸어요. 그렇게 세 나라의 경쟁이 다시 시작되었답니다.

> ### 신라의 골품 제도
> 신라의 신분 차별 제도였어요. 신분에 따라 관직이 정해져서 귀족들은 힘들이지 않아도 높은 자리에 올라갈 수 있었지요. 반대로 신분이 낮은 사람들은 능력이 있어도 뜻을 펼치지 못해 불만을 갖게 되었어요.

사진으로 보는 남북국 시대 박물관

신라는 우리 민족 문화의 바탕을 만들어 나갔어요

당시 신라는 백제와 고구려의 문화를 받아들이고, 당나라의 앞선 문화까지 적극적으로 가져와 우수한 문화를 꽃피웠답니다. 또 불교를 통해 백성들의 정신을 하나로 모으려고 했기 때문에 다양한 불교문화가 발달했어요. 그리하여 통일을 한 다음 80여 년이 지난 경덕왕 때에는 민족 문화의 완성을 이루었다고 평가받지요. 경덕왕 무렵에 만들어진 문화유산은 오늘날 세계에서도 인정받는 문화유산이랍니다. 석굴암과 불국사, 성덕 대왕 신종 등이 있어요.

안압지
신라가 백제와 고구려를 무너뜨리고 당나라와 벌인 전쟁에서도 승리하자 문무왕은 삼국 통일이라는 기쁨을 온 백성들과 함께하고 싶어 했어요. 그래서 궁성 안에 연못인 안압지를 만들었어요.

감은사지 3층 석탑
감은사는 삼국을 통일한 문무왕이 나라의 위엄을 세우기 위해 세웠어요. 또 신라로 쳐들어오는 왜구를 부처님의 힘을 빌어 막아 내려는 바람도 담겼지요. 지금은 절은 사라지고 이 석탑만이 남아 있답니다.

석굴암
불국사와 함께 경덕왕 때 만들어졌어요. 우리나라에서는 자연 석굴을 만들 수 없어서 인공 석굴로 완성되었지요. 인공 석굴은 세계에 단 하나뿐이에요. 부처님의 신성한 공간을 만들기 위해 얼마나 치밀하게 설계했는지 천 년을 넘게 버텨 오고 있지요.

불국사
경덕왕은 신라가 부처님의 나라임을 보여 주고 싶었어요. 그래서 땅 위에 세워진 부처님의 나라, 불국사를 지었어요. 불국사는 아름다운 사찰로 신라 전성기 문화를 잘 보여 줍니다.

성덕 대왕 신종
경덕왕이 아버지 성덕왕을 위해 만든 종이에요. 아기를 넣어 만들었기 때문에 아이가 우는 것처럼 '에밀레' 소리가 난다는 전설이 있어서 '에밀레종'이라고도 해요.

석가탑(왼쪽), 다보탑(위쪽)
불국사 안에 나란히 서 있는 탑이에요. 석가탑은 단순하지만 완벽한 비례로 최고의 아름다움을 보여 줘요. 다보탑은 우리나라의 어떤 다른 탑과도 닮지 않은 독특한 아름다움을 보여 준답니다.

발해는 고구려 전통을 계승한 마지막 대륙 국가예요

발해 왕은 일본에 보낸 문서에 스스로를 '고구려 왕'이라고 기록했어요. 이처럼 고구려를 이은 발해는 그 문화 역시 고구려와 같이 아주 굳세고 씩씩했답니다. 발해의 유물로 발견된 온돌, 와당, 석등, 기와의 무늬를 보면 고구려의 영향을 많이 받았음을 알 수 있어요. 또 정혜 공주의 무덤이 굴식 돌방무덤인 것도 역시 고구려의 영향을 받은 것으로 짐작돼요.

석등
높이 6미터가 넘는 거대한 석등으로 상경성 절터에 있어요. 새겨져 있는 연꽃무늬가 고구려의 영향을 받았음을 보여 줘요.

돌사자상
발해의 수도 상경성을 지키던 돌사자상이에요. 험상궂은 얼굴 모습이지요. 지금은 머리 부분만 남아 있어요.

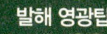

발해 영광탑
오랜 세월을 의연히 서 있다는 뜻으로 중국 사람이 영광탑이라는 이름을 붙였는데, 나중에 발해 유적이라는 것이 밝혀졌어요. 높이가 13미터나 되어서 전성기 발해의 굳센 모습을 보여 주지요.

연꽃무늬 수막새
발해는 고구려와 마찬가지로 불교를 널리 믿어서 기와에 연꽃무늬를 많이 새겨 넣었어요. 고구려의 연화 무늬 수막새와도 관련이 깊지요.

구름 모양 자배기
구름 모양을 본떠 만든 그릇이에요. 고구려 고분 벽화의 구름무늬와 비슷한 모습이에요. 채소를 절이거나 곡식을 담아 놓을 때 썼지요.

발해의 치미
기와 끝에 얹는 용의 머리처럼 생긴 장식물로 '망새'라고도 해요. 발해의 수도였던 상경의 절에서 나왔어요.

글씨가 있는 불비상
아미타불을 중심으로 가르침을 듣는 승려와 보살이 새겨져 있어요. 위에는 용으로 보이는 동물 두 마리가 보이고, 아래에는 각각 글씨와 인왕상이 보여요. 새겨진 글씨를 보면 발해에서 '함화'라는 독자적인 연호를 사용했으며, 황제가 있었음을 알 수 있어요.

나란히 앉은 두 부처상 (이불병좌상)
석가와 다보 두 여래상이 나란히 앉은 모습을 표현하고 있어요. 발해의 불상 제작 기술이 상당했음을 보여 줘요.

`고려 시대`

통일된 나라 고려가 세워졌어요

남북국과 후삼국으로 나누어져 있던 우리나라는 고려로 다시 통일되었어요. 고려는 고조선, 부여, 삼한, 삼국, 남북국, 후삼국의 정치와 문화를 계승해서 한데 어우러지도록 했어요. 그리고 이것은 우리 문화의 원천으로 이어졌답니다.

고려는 불교문화를 더욱 활발하게 꽃피웠어요. 또 다른 나라와 무역을 하며 전 세계로 문을 열어 두었던 국제적이고 활달한 나라이기도 했지요. 자, 그럼 지도 여행을 떠나 볼까요?

936년

고려가 후삼국을 통일했어요

후삼국 시대 초기에는 후고구려가 가장 강한 나라로 성장해요. 후고구려는 나중에 나라 이름을 마진으로 바꾸었다가 또 태봉으로 바꾸었지요. 후고구려 왕 궁예는 절대적인 권력을 가지고 싶었어요. 그래서 지방에서 힘을 키운 호족들을 늘 경계했지요. 궁예는 호족 세력을 억누르기 위해 호족의 딸인 왕비와 아들까지 죽였어요. 하지만 신하들이 그런 잔인한 행동에 반대하면서 궁예는 결국 왕위에서 쫓겨나 쓸쓸한 죽음을 맞게 되었지요.

　　후백제도 강한 나라였지만 후백제를 세운 견훤의 아들들이 왕위를 둘러싸고 다투기 시작하면서 나라 힘이 점점 약해졌어요. 그러다 936년, 후고구려 왕건의 군대에게 나라를 빼앗기고 만답니다.

　　신라는 어떻게 되었을까요? 후백제와 후고구려가 성장하는 동안 신라의 힘은 나날이 약해지기만 했어요. 결국 신라의 마지막 임금 경순왕은 왕건에게 나라를 그냥 내어 주고 말았답니다. 이렇게 왕건은 셋으로 나뉘었던 후삼국을 다시 통일해 **고려**를 완성했어요.

> 왕건은 지방에서 큰 힘을 가지고 있던 호족들을 현명하게 다스리면서 왕으로서 힘을 키워 나갔어.

　　왕건은 잃어버린 고구려 땅을 되찾는 한편, 멸망한 발해의 백성과 백제, 고구려, 신라의 백성까지 받아들여 진정한 통일을 이루려고 했어요.

용문사 은행나무

천 년 넘게 살아온 이 나무에는 신라 경순왕의 아들 마의 태자의 이야기가 얽혀 있어요. 신라 경순왕이 왕건에게 신라를 내어 줄 때, 마의 태자는 나라를 빼앗긴 것을 슬퍼하며 산속을 떠돌다 이 나무를 심었다고 해요.

고려를 처음 세울 때 태조 왕건은 호족들을 어떻게 다스려야 할지 고민했어요. 지방 곳곳에 있는 호족들의 힘이 왕의 힘보다 더 커서 그대로는 왕을 중심으로 나라를 운영하기가 어려웠기 때문이에요.

그러다 고려의 네 번째 왕 광종 때부터 나라에 개혁이 시작되면서 왕의 힘이 점점 커지게 되었어요.

광종은 노비안검법이라는 제도를 만들어 호족 때문에 억울하게 노비가 된 사람들을 풀어 주었어요. 호족들이 특권을 함부로 누리지 못하게도 했지요. 또 신분이 아니라 능력에 따라 누구나 관리가 될 수 있도록 하는 과거 제도도 만들었어요. 물론 완전히 평등해진 것은 아니었지만 신라의 신분 제도에 비하면 대단한 변화였지요.

그런데 고려라는 이름은 어떻게 지어졌을까요? 고려는 고구려를 이은 나라라는 뜻이랍니다. 이전에 한반도 사람들 사이에서는 같은 민족이라는 생각이 별로 없었어요. 그러다 고려 시대부터 비로소 우리가 하나의 민족이라는 생각을 하게 되었답니다.

> 북쪽에서 거란이 여러 차례 쳐들어왔을 때에 지혜로운 외교관 서희는 외교 담판으로 거란을 물리쳤어.

> 용감한 강감찬 장군은 귀주에서 거란을 모두 물리쳤지.

고려는 마음껏 평화와 번영을 누렸어요. 고려의 벽란도는 고려의 활기찬 모습을 보여 주는 국제 무역항이었어요. 송나라, 중앙아시아, 일본, 동남아시아를 잇는 벽란도에서는 새로운 기술과 사상이 오갔지요. 이렇듯 고려는 경제와 문화가 세계를 향해 활짝 열려 있었던 국제적인 나라였어요.

천리 장성

거란과의 오랜 전쟁이 끝난 뒤 고려는 북쪽 국경을 따라 돌로 성을 쌓았어요. 10여 년에 걸쳐 만든 이 성의 길이기 천 리쯤 되었기 때문에 천리장성이라고 이름 붙였어요.

1170년

무신이 문신을 몰아내고 권력을 잡았어요

고려는 밖으로 여러 나라와 활발하게 교류했어요. 또 안으로는 농사 기술을 발달시키고 빼어난 예술품을 탄생시키는 등 평화와 풍요를 마음껏 누렸지요. 그런데 점차 문제가 생기기 시작했어요.

　　고려는 문벌 귀족의 사회라는 별명을 가지고 있어요. 광종 때에 과거 제도를 만들어 능력을 중심으로 관리를 뽑았다고 했지요? 하지만 과거 시험을 보려면 집안이 어느 정도는 좋아야 했어요. 또 높은 벼슬을 지낸 사람의 자손은 그냥 관리가 되기도 했고요. 집안에 관리가 있으면 보통 대대로 벼슬을 했는데, 이런 집안을 가리켜 문벌이라고 해요.

　문벌은 힘이 너무 커져 자기들 욕심대로 나라를 좌지우지했어.

　또 나날이 땅을 넓혀 부자가 되었지. 백성들은 귀족에게
　땅을 빼앗기고 어려운 생활을 했어.

　　이때 **무신의 난**이 일어났어요. 무신은 지금의 군인과 비슷한데, 관리 중에서 정치를 맡는 게 문신, 군사를 맡는 게 무신이었지요. 무신도 문신과 똑같이 나라의 관리였지만 문신의 호화로운 생활과는 반대로 밥 한 끼 제대로 얻어먹지 못하며 차별을 받았어요. 결국 무신은 욕심 많은 귀족에게 지친 농민들의 응원 속에서 문신을 몰아내고 권력을 차지했답니다.

　　하지만 권력을 잡은 무신 역시 백성들을 외면했어요. 무신들은 욕심을 부리며 서로 또 싸우기 시작했고 백성들의 삶은 더욱 어려워졌지요.

출세한 천민

무신이 권력을 차지했을 때 이의민이라는 사람은 고려 임금을 죽이고 최고의 자리에 올랐어요. 차별받던 무신이 나라의 가장 큰 권력을 차지한 것이지요. 게다가 그는 원래 천민이었대요.

무인석(왼쪽)과 문인석(오른쪽)

1198년

만적과 농민들이 들고일어났어요

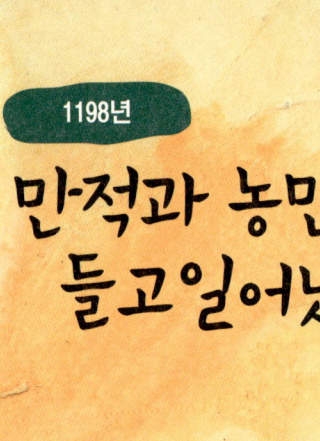

문벌 귀족 때문에 고통받던 백성들은 무신을 응원했지만 무신마저 백성들의 기대를 져 버렸어요. 견디다 못한 농민과 천민들은 전국에서 불처럼 일어났어요. 당시 백성들의 눈물겨운 이야기를 들어볼까요?

고려 명종 때였어요. 나라에서 가장 천대받는 사람들이 지내는 지역인 '소'에 살던 망이와 망소이라는 사람이 봉기를 일으켰어요. 망이와 망소이가 이끄는 봉기군의 힘이 점점 커지자 나라에서는 깜짝 놀라 천대받던 지역인 소를 일반 백성들이 사는 현으로 올려 주었지요.

하지만 이게 끝이 아니었어요. 고려의 수도 개경에서 노비들이 또 들고 일어난 거예요. 당시 노비는 사람으로 대우받지 못했어요. 그렇게 오랜 세월을 업신당하던 노비들은 봉기를 일으켰고, 거기에 앞장선 사람이 만적이었답니다.

만적은 노비가 차별받지 않는 세상을 바랐어.
또 노비도 출세할 수 있기를 바랐지.

만적은 무신들이 문신을 몰아내고 힘을 얻는 모습을 보면서 능력이 있다면 얼마든지 높은 자리에 오를 수 있어야 한다고 생각했지요. 하지만 만적의 봉기는 결국 실패로 끝났어요. 만적과 100명이 넘는 노비들은 온몸이 꽁꽁 묶인 채로 강물에 던져져 죽게 되었지요.

하지만 신분에 따라 차별당하며 사는 것을 당연한 일로 여겼던 때, 그것이 잘못되었다고 당당하게 말했던 만적의 모습은 고려 사회가 조금씩 성장하고 있음을 보여 준 사건이었답니다.

고려청자

청자는 원래 중국에서 전해졌지만 고려 사람들은 중국보다 더 맑은 빛이 나는 아름다운 청자를 만들었답니다. 또 무늬를 새겨 넣어서 고려만의 독특한 상감 청자도 만들었어요.

▶ 청자음각연판문주자

◀ 청자매화대나무학무늬매병

1231년 ~ 1270년

전 세계를 휘두른 몽골군이 고려에 쳐들어왔어요

13세기 초 동아시아에는 폭풍 같은 기운이 몰아치기 시작했어요. 무슨 일이냐고요? 칭기즈 칸이 이끄는 몽골군이 중국과 아시아를 순식간에 휩쓸고, 유럽까지 뻗어 나가며 전 세계를 휘두르려 했거든요. 무시무시한 몽골의 군사들은 고려에도 들이닥쳤어요. 무신이 권력을 잡은 지 60년이 되던 때였지요. 몽골군은 무섭고도 잔인하기로 소문이 나 있었어요.

몽골군이 지나간 고려의 땅은 잿더미가 되어 흔적도 찾기 어려웠어.

고려 백성들은 몽골군에게 잡혀서 죽고, 굶어 죽기도 했어. 끔찍해.

그러나 무신 정권은 백성들을 돌보지 않았어요. 최고 지도자였던 최우는 몽골군을 피해 수도를 개경에서 강화도로 옮겼지요. 전쟁으로 고통스러워하는 백성들을 뒤로 하고 왕과 귀족들은 강화도로 도망을 쳤어요. 또 그곳에서도 여전히 사치스런 생활을 이어 갔답니다.

나라의 지도자들이 모두 도망치자 이제 백성들이 발 벗고 나서서 몽골군과 싸울 수밖에 없었어요. 농민과 천민들은 군대를 만들고 죽기 살기로 열심히 싸웠어요. 무섭기로 소문난 몽골군이 주춤할 정도로요. 지친 몽골은 더 이상 싸우기를 포기하고 고려에 화해를 하자고 했지요.

그 뒤 100년 동안 고려는 몽골의 간섭을 받았어요. 하지만 꿋꿋이 나라를 지킨 백성들은 고려의 자주적인 모습을 똑똑히 보여 주었어요.

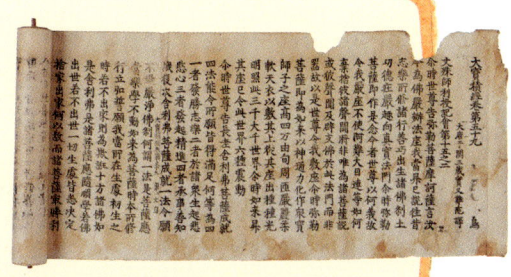

초조대장경

고려에서 가장 처음으로 만들어진 대장경이에요. 고려 사람들은 나라가 위태로워질 때마다 대장경을 만들었지요. 부처님의 힘을 빌어 나라의 위기를 극복하려는 마음에서였어요.

1356~1374년

공민왕이 고려를 개혁했어요

■ 공민왕이 되찾은 영토

고려는 다행히 몽골에게서 나라를 지켜 냈어요. 하지만 그 뒤로 몽골의 간섭을 받을 수밖에 없었어요. 충렬왕, 충선왕 등 고려 왕들은 몽골이 세운 원나라에 충성을 바친다는 의미로 이름 앞에 '충' 자를 붙였답니다. 원나라는 고려의 왕을 바꿀 수도 있었지요. 마치 식민지를 다루듯 고려의 많은 것들을 빼앗고 심지어 고려의 여자들을 데려가기도 했어요.

고려의 공민왕은 원나라의 간섭에서 벗어나기로 마음먹었어.

또 잃어버린 옛 고려 땅을 되찾는 꿈을 꾸었지.

공민왕은 개혁 정치를 펴기 시작했어요. 원나라의 정치가 불안하던 때를 틈타 공민왕은 원나라에게 굽실거리던 고려의 신하들을 모두 내쫓았어요. 원나라 땅이 되었던 철령 이북의 땅도 되찾았고요.

공민왕의 개혁 정치에는 신돈이라는 승려의 도움이 있었어요. 당시 고려에는 원나라에 잘 보여 출세를 하려던 부패한 귀족들이 많았거든요. 공민왕은 새로운 인물인 신돈을 데려와 귀족들의 세력을 눌렀어요. 귀족들에게 땅을 빼앗기거나 이들의 노비가 된 백성들을 자유롭게 해 주기도 했지요. 공민왕의 이런 정치에 백성들은 아주 기뻐했답니다.

하지만 귀족들은 공민왕의 개혁이 못마땅하기만 했어요. 결국 귀족들은 신돈을 죽이고, 나중에는 공민왕마저 죽이고 말았답니다. 공민왕은 고려를 개혁하기 위해 많은 노력을 기울였지만 실패하고 말았어요. 고려의 운명 역시 점점 어두어지고 있었지요.

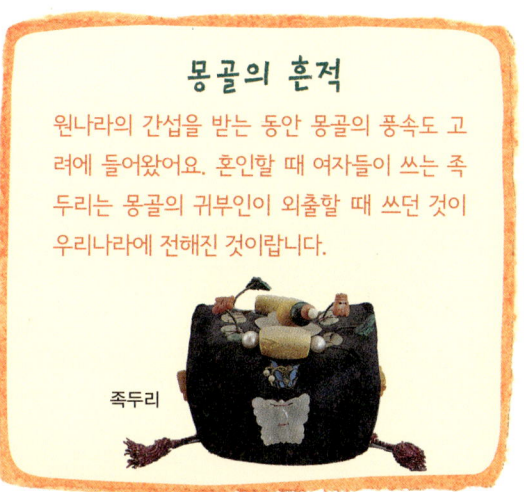

몽골의 흔적

원나라의 간섭을 받는 동안 몽골의 풍속도 고려에 들어왔어요. 혼인할 때 여자들이 쓰는 족두리는 몽골의 귀부인이 외출할 때 쓰던 것이 우리나라에 전해진 것이랍니다.

족두리

1359~1389년
홍건적과 왜구가 쳐들어왔어요

공민왕이 개혁이 실패한 것은 원나라에 굽실거리는 귀족들 때문만은 아니었답니다. 북쪽에서 내려오는 홍건적과 남쪽에서 올라오는 왜구 역시 고려를 매우 힘들게 했지요.

홍건적은 원나라 농민으로 이루어진 군대로, 머리에 붉은 수건을 두르고 다녔대요. 홍건적은 원나라군에 쫓겨 고려로 자주 쳐들어왔는데, 고려는 그때마다 이들을 잘 막아 냈어요. 하지만 1361년, 고려는 홍건적에게 크게 지고 말아요.

홍건적은 단숨에 개경까지 쳐들어와서 고려를 위협했어!

남쪽의 골칫거리는 바로 왜구였어! 바로 일본의 해적이지.

왜구는 자기네 땅에서는 농사짓기가 어려워서 먹을 게 없다면서 고려로 건너와 자주 노략질을 했어요. 왜구는 고려의 바다를 수백 번이나 침략했고, 결국은 강화도와 왕이 있는 개경까지 올라왔답니다.

고려의 여러 장군들은 남쪽 바다에서 활약하며 왜구들을 열심히 물리쳤어요. 또 최무선은 화약 무기를 발명해 냈어요. 덕분에 왜구의 배에 불을 지르고 크게 승리할 수 있었지요.

이 시기 홍건적과 왜구를 물리치는 데 크게 공헌한 장군으로는 최영과 이성계 등이 있답니다.

《삼국사기》와 《삼국유사》

《삼국사기》는 유학자 김부식이 왕의 명령을 받고 쓴 유교 중심의 역사책이에요. 《삼국유사》는 스님인 일연이 쓴 역사책으로 설화와 신화, 발해와 가야의 역사까지 실려 있어요.

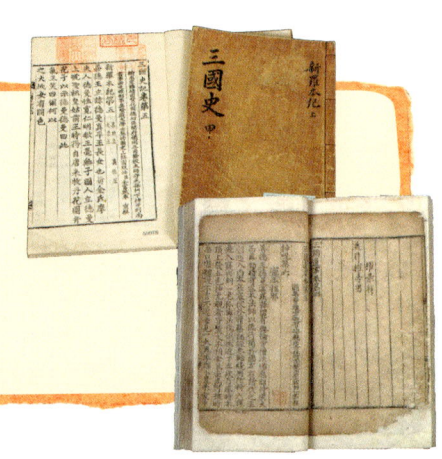

1388년
이성계가 새 나라의 꿈을 품었어요

당시 고려 안에는 여러 가지 어려움이 많았어요. 그런데 나라 밖에서도 큰 변화가 일어나고 있었어요. 중국에서는 새로운 나라 명이 세워졌어요. 명나라는 농민 반란으로 세워진 나라로, 원나라는 이제 명나라에 쫓겨 북원이라는 작은 나라로 겨우 나라 이름을 이어 갈 뿐이었지요.

고려는 명나라에게 또 시달렸어요. 명나라는 고려의 귀중한 물건들을 보내라고 하거나 철령 이북 땅이 자기 땅이라고 우기기도 했어요. 그곳은 원래 고려 땅으로 공민왕 때 원나라와 싸워서 되찾았는데 말이에요.

고려의 우왕은 제멋대로인 명나라에 크게 화가 났어.
그래서 장군인 최영과 이성계에게 명나라를 공격하라고 했지.

최영은 공격하겠다고 선뜻 나섰지만 이성계의 생각은 달랐어요. 새로 일어나는 나라인 명나라와의 전쟁은 아무래도 무리한 일일 것 같았거든요.

이성계는 왕의 명령에 따라 어쩔 수 없이 전쟁터로 떠났어요. 그런데 고려의 군대가 압록강 너머 위화도에 도착했을 때는 이미 여름 장마가 시작된 다음이었어요. 이성계는 비 때문에 전염병이 돌고 무기가 녹슬어 전쟁이 어렵겠다고 판단했지만 왕은 공격하라는 명령을 거두지 않았어요.

그때 이성계는 큰 다짐을 하고는 타고 있던 말 머리를 돌려 왕이 있는 개경으로 돌아왔지요. 이성계는 개경으로 돌아와 최영 장군을 죽이고 우왕을 내쫓았어요. 그리고는 부패하고 어려워진 고려 대신 새로운 나라에 대한 꿈을 품었답니다.

문익점과 목화씨

문익점은 원나라에 사신으로 갔다가 목화씨를 들고 돌아왔어요. 당시 백성들은 겨울에도 베옷을 입으며 춥게 보내야 했는데, 그 뒤 목화가 고려에 널리 퍼져 백성들이 비로소 따뜻한 솜옷을 입게 되었답니다.

사진으로 보는 고려 시대 박물관

고려의 과학 기술은 세계적인 수준이었어요

고려는 과거 제도를 통해 기술 분야의 관리들을 적극적으로 뽑았어요. 의학도 장려해 백성들의 의료를 담당하는 기관이 생겨났지요. 농업의 생산성을 높이기 위해 다양한 연구가 이루어졌고, 문익점은 목화를 처음으로 고려에 전했어요. 이 밖에도 금속 활자를 발명했으며, 여러 차례 전쟁을 통해 화약 무기도 처음 발명되었답니다.

해인사
팔만대장경을 보관해 놓은 해인사 장경각의 모습이에요.

팔만대장경 목판본
고려 사람들은 부처님의 힘으로 몽골을 물리치기 위해 16년에 걸쳐 팔만대장경을 만들었어요. 고려의 발달된 인쇄 기술을 볼 수 있답니다.

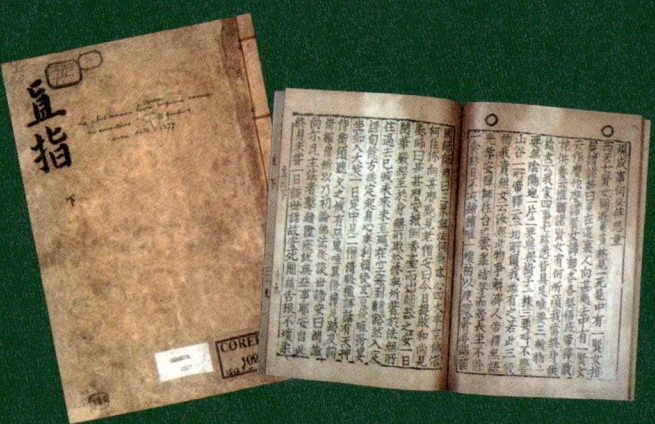

《직지심체요절》
《직지심체요절》은 현재 남아 있는 세계에서 가장 오래된 금속 활자 책으로, 1377년 청주 흥덕사에서 만들어졌어요. 상·하권 중 지금은 하권만이 프랑스 국립 도서관에 보관되어 있어요.

금속 활자
고려 시대 금속 활자예요. 고려 때는 이러한 활자를 모아서 책을 찍었답니다.

문익점의 목화 전래
우리나라에서는 고려 시대부터 면이라는 옷감이 사용되었어요. 바로 문익점이 원나라에서 목화를 가져왔기 때문이지요. 면은 값이 싸고 따뜻하며 튼튼해 백성들의 의복 생활에 커다란 변화를 가져왔답니다.

문익점 목화 재배지
문익점이 목화씨를 처음 심어 재배한 곳이에요.

씨아
목화송이에서 씨를 빼낼 때 쓰는 도구예요.

베틀
베틀로 무명을 짜는 모습이에요.

물레
씨를 뺀 목화솜의 섬유를 자아서 실을 만드는 도구예요.

화약 무기 현자총통
당시 무기는 활이나 칼, 창 같은 것이었어요. 최무선은 이보다 훨씬 강한 화약 무기를 만들어 냈지요. 이것은 왜구들을 물리치는 데 큰 역할을 했어요.

고려의 예술 작품은 불교과 관련된 것들이 많아요

고려 때는 안동 봉정사 극락전, 영주 부석사 무량수전, 예산 수덕사 대웅전 등 절이 많이 만들어졌어요. 이와 함께 다양한 형식의 탑과 규모가 큰 불상들도 세워졌지요. 하지만 수도 개경에 있던 절과 유물들은 몽골과 왜구의 침입으로 많이 파괴되어 지금은 거의 남아 있지 않답니다.

경천사 10층 석탑
개경의 경천사 터에 있던 10층 대리석 탑으로 지금은 서울 용산 국립 중앙 박물관에 있어요. 원나라와 친했던 고려 세력이 원나라의 번영과 고려의 안녕을 함께 기원하려고 세운 것이에요.

영주 부석사 무량수전(위)
나무로 만든 건축물 중에서 최고로 꼽히는 것으로, 신라 시대에 처음 지어졌다가 고려 시대에 다시 지어졌답니다. 무량수전은 부석사의 중심 건물로 아미타여래불상이 모셔져 있어요.

안동 봉정사 극락전(아래)
우리나라에서 가장 오래된 목조 건물로 전해지고 있어요. 고려 시대의 건축물이지만 통일 신라 시대의 건축 양식을 그대로 따르고 있답니다.

고려 귀족 문화의 상징인 고려청자에 대해 알아볼까요?

중국에서 시작된 도자기는 9세기에서 10세기 초에 우리나라에도 전래되었어요. 초기 가마들은 고려의 수도 개경에 가까운 중서부 지역에 있었지만 11세기에 들어서면서 전라도 강진과 부안을 중심으로 도자기가 만들어졌지요.

고려의 도자기는 푸른빛을 내는 청자가 대표적으로, 12세기에 절정에 이르렀어요. 그릇, 타일, 기와, 문방구 등 다양하게 만들어졌는데, 비색의 아름다움과 상감 기법으로 꾸며진 청자는 주변 나라 중 고려의 것이 으뜸이었답니다.

청자상감칠보무늬병

청자연꽃줄기무늬병

청자칠보무늬향로

청자구형연적

청자상감국화무늬잔과 잔 받침

상감 청자
그릇의 표면을 파내고 색깔이 다른 흙을 집어넣어 문양을 만드는 상감 청자는 고려만의 독창적인 도자기였어요.

유교의 나라 조선이 열렸어요

조선 시대

이성계가 고려 왕조를 무너뜨리고 세운 조선은 500년 넘게 나라를 이어 갔어요. 새 나라 조선은 성리학을 공부한 신진 사대부라는 사람들을 중심으로 유교 국가로 성장했지요.

조선 시대에는 정치와 경제가 안정되면서 문물이 크게 발전했어요. 하지만 나라 관리들의 당파 싸움과 더불어 왜란과 호란 등 연이은 전쟁으로 어려움을 겪기도 했지요. 또 19세기부터는 변하는 세계와 밀려오는 열강들을 마주해야만 했답니다. 자, 그럼 조선의 역사를 지도로 만나 볼까요?

1392년

이성계가 새 왕조 조선을 열었어요

이성계는 명나라를 공격하라는 고려 우왕의 명령을 어겼어요. 그리고 개경으로 돌아와 우왕을 내쫓았지요. 부패한 고려 정치가 잘못되었다고 생각한 이성계가 새 나라를 세우기로 다짐한 것이었어요. 우왕의 뒤를 이어서 창왕, 공양왕이 임금이 되었지만 실제로는 이성계가 권력을 다 가지고 있었답니다.

이성계는 정도전, 조준 등의 신하들과 함께 개혁을 해 나갔어요. 신분이 아니라 과거를 통해 당당히 관리가 된 신진 사대부 신하들과 백성들은 이성계의 개혁을 반가워했어요. 이 기운을 모아 이성계는 새 나라 **조선**을 세우게 되었답니다.

보통 새 나라는 서로 나뉘어 있던 나라가 통일되거나 전쟁을 치르면서 생겨나요. 하지만 조선은 달랐어요. 이성계가 고려 왕을 내쫓으면서 나라의 임금만 바뀐 것이니까요. 그래서 여전히 고려 왕에게 충성을 바치는 신하가 많았어요. 그러면서 이들은 개경 남쪽 두문동으로 숨어 들어갔답니다.

그때 고려의 충신들이 두문동으로 들어가 나오지 않았다는 일에서 '두문불출'이라는 말이 생겨났어.

그러나 시간이 흐르면서 나라 안에서는 점점 이성계가 훌륭한 왕이라는 소문이 퍼져 나갔답니다.

정몽주의 단심가

조선이 세워질 때 고려의 신하 정몽주는 선죽교에서 죽임을 당했어요. 고려에 대한 충성심을 끝까지 버리지 않았던 그의 시는 지금도 유명하지요.

이 몸이 죽고 죽어 일백 번 고쳐 죽어
백골이 진토 되어 넋이라도 있고 없고
임 향한 일편단심이야 가실 줄이 있으랴.

선죽교

1395년

한양에 경복궁이 세워졌어요

소지문
(숙정문, 북대문)

백악산(북악산)

조선을 대표하는 궁궐, 경복궁이다!

창덕궁

창경궁

낙산

여기는 농사의 신에게 제사를 올리는 사직단이야.

왕실의 조상님을 모시는 종묘도 지었지.

경복궁

종묘

사직단

흥인지문 (동대문)

돈의문 (서대문)

경희궁

여기 청계천!

숭례문(남대문)

뒤에는 산으로 둘러싸여 있고 앞에는 물이 흐르는 배산임수인 곳, 수도로 딱이야!

목멱산(남산)

나는 무학 대사!

조선의 수도는 어디일까요? 바로 한양이에요. 한양은 오늘날 수도 서울로 계속 이어지고 있지요. 조선의 수도는 어떻게 정해졌을까요?

이성계는 왕위에 오른 다음 수도를 옮기기로 마음먹었어요. 고려의 수도인 개경은 영 개운하지가 않았거든요. 개경에는 고려를 그리워하는 사람들이 많았고, 이곳에서 수많은 고려의 왕과 충신들을 죽이기도 했으니까요.

이성계는 새로운 곳에서 새 정치를 해 나가고 싶었어요. 그렇게 해서 한양이 수도로 정해졌어요. 나라의 중심에 자리 잡고 있고, 산과 강의 모양이 아름다웠거든요. 한강 뱃길을 통해 각 지방에서 나오는 세금을 거두어들이기도 편리했지요.

이성계는 한양에 새 궁궐을 짓기 시작했어. 조선을 대표하는 궁궐 경복궁은 백악산과 인왕산 등 사방이 산으로 둘러싸인 곳에 들어섰지.

궁궐 앞쪽으로는 널찍한 길을 닦고 길 양쪽에는 관청도 세웠어!

뿐만 아니라 왕실의 조상들을 모시는 종묘도 지었고, 토지·농사의 신께 제사를 올릴 사직단도 만들었어요. 맨 마지막으로는 도성을 둘러싸는 성벽을 튼튼하게 쌓았지요. 백악산 꼭대기를 기점으로 해서 수도를 한 바퀴 빙 도는 성은 총 길이가 약 18킬로미터나 되었답니다. 성벽의 동서남북에는 큰 문을 내었어요. 지금의 숭례문(남대문), 흥인지문(동대문) 등이 바로 이것이에요.

숭례문

한양을 둘러싸는 성에 사람이 드나드는 남쪽 문으로 만들어서 지금은 우리나라와 서울을 대표하는 상징이 되었어요. 몇 년 전 불에 타서 훼손되었지만 지금은 복원되었어요.

자, 한양을 멋지게 단장한 조선은 이제 무엇을 할까요? 조선의 세 번째 임금이 된 태종은 자신이 원하는 정치를 거침없이 펼쳐 나갔어요. 우선 나라의 틀을 잡고 제도를 정비하는 데 힘을 쏟았지요.

태종은 조선을 8도로 나누고 관리를 보내 나라 구석구석을 잘 보살폈어요. 또 농사짓는 땅과 백성 수를 조사해 세금이 잘 거두어질 수 있도록 했지요. 그러면서 지금의 신분증과 같은 호패를 만들었어요. 백성들이 억울한 일을 당했을 때 찾아가서 말할 수 있는 신문고도 만들었고요.

그다음 왕이 된 세종은 뒤이어 정치, 경제, 사회, 문화 각 분야에서 필요한 것들을 차근차근 채워 나갔어요.

- 세종은 왕이 되자마자 학문을 연구하는 곳인 집현전을 세웠어.
- 우수한 학자들과 함께 우리의 고유 문자인 한글도 만들었지.
- 농사에 필요한 책과 기술을 연구해 백성들의 삶에 도움을 주었어.

당시 북쪽에서 말썽을 부리던 여진족도 몰아냈어요. 세종 때 최윤덕 장군은 압록강 부근의 여진족들을 내몰고 4개의 군을 개척했어요. 이어 김종서 장군은 두만강 부근의 여진족을 몰아내고 6개의 마을을 세웠답니다.

이렇게 해서 조선의 북쪽 국경은 압록강과 두만강을 연결하게 되었어요. 그리고 이것이 지금까지 우리나라 영토의 경계가 되고 있답니다.

한글로 처음 쓴 책들

백성들에게 유교식 예절과 문화를 가르치기 위해 한글 책을 만들었어요. 조선 왕들의 업적을 찬양한 《용비어천가》, 유교의 예법을 가르치는 《삼강행실도》 등이 있어요.

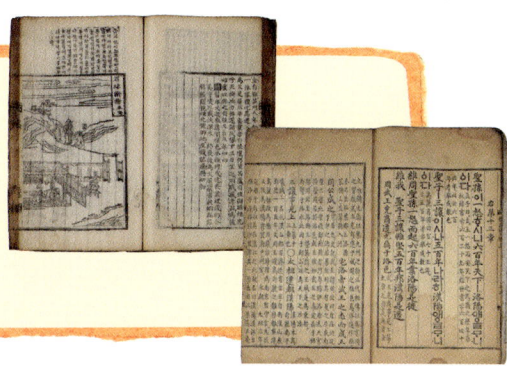

조선이 제도를 완성하고 태평성대를 열었어요

15세기

조선의 일곱 번째 임금은 세조예요. 세종이 죽고 뒤를 이어 문종이 왕이 되었으나 금방 죽고, 12살의 어린 단종이 왕위에 올랐지요. 세조는 원래 단종의 삼촌이었어요. 왕이 되기 전 수양 대군으로 불렸지요. 그러나 결국 어린 단종과 신하들을 죽이고 자기가 왕위에 올랐답니다.

이렇게 잔인한 방법으로 왕이 된 세조였지만, 마음으로는 백성들에게 인정받기를 간절히 바랐어요. 그래서 현명한 정치를 해 나갔어요. 세조는 신하들이 사치하지 않도록 하고, 나라 살림을 매우 검소하게 꾸려 갔답니다. 북쪽과 남쪽의 국경도 튼튼히 했고요.

세조는 백성들의 억울한 이야기를 듣고 법전을 만들겠다고 다짐했어.

그렇게 만들어지기 시작한 것이 바로 경국대전이야. 이로써 국가 통치를 법에 따라 한다는 원칙을 처음으로 세우게 되었지.

조선의 아홉 번째 왕이 된 성종은 똑똑한 인재들을 잘 쓰는 것이 나라를 잘 이끄는 지름길이라고 생각하고 성균관 학생들을 키웠어요. 중앙에는 각 부와 정치를 집행하는 여섯 개의 관청을 두어 나라를 이끌었지요. 성종은 백성들을 사랑하는 마음이 지극하기로 유명했어요.

이때에는 조선 팔도의 모든 것을 모아 둔 백과사전인 《동국여지승람》, 조선의 시를 모은 《동문선》 등 많은 책이 만들어지기도 했어요. 또 국방에도 신경을 써서 압록강과 두만강 부근의 여진족을 다시 한 번 몰아냈어요.

단종이 죽은 청령포

삼면이 강으로 둘러싸이고 한쪽은 벼랑으로 되어 있는 이곳은 감옥이나 다름없었어요. 수양 대군에게 쫓겨난 단종은 여기에서 어린 나이에 죽음을 맞이했지요.

1498~1545년

훈구파와 사림파가 대결을 벌였어요

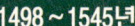

단종을 죽이고 왕이 된 세조는 왕위를 다시 누가 빼앗아 가지 않을까 늘 걱정했어요. 걱정하던 세조는 믿을 수 있는 신하인 한명회, 신숙주, 정인지 등을 중요한 자리에 앉히고 땅과 재물을 많이 주었어요. 세조가 얼마나 이 신하들을 챙겼던지 이들이 죄를 지어도 벌을 받지 않을 정도였지요. 뿐만 아니라 그 자손들까지도 높은 벼슬에 오르게 했어요. 이렇게 해서 권력과 재물을 틀어쥐게 된 신하들을 '훈구'라고 불러요.

　　한편, 잔인한 세조를 왕으로 섬길 수 없다며 벼슬을 내놓고 고향으로 내려간 신하들로 있었어요. 고향에서 제자들을 가르치며 살던 이 신하들은 '사림'이라고 했지요.

　　사림 신하들은 욕심 많은 훈구 신하들을 아주 싫어했어.

　　둘로 갈린 신하들은 연산군 때에 이르러 큰 싸움을 벌였어.

　　훈구파는 사림파가 자신들을 비판하자 사림파의 꼬투리를 잡아 공격하기 시작했어요. 그 결과 많은 사림파가 죽임을 당했지요. 훈구파는 여기서 그치지 않고 계속 사림파를 모함했어요. 그리하여 연산군 때부터 명종 때까지 사림파는 네 번이나 큰일을 당하게 돼요. 사림들이 화를 입었다 해서 **사화**라고 하지요.

　　하지만 여기서 모두 끝난 것은 아니었어요. 사림파들은 고향으로 내려가 서원을 짓고 그곳에서 제자들을 기르며 다시 중앙으로 돌아갈 힘을 길렀답니다.

서원

사림파들은 고향으로 가서 서원을 세웠어요. 서원은 원래 선비들이 모여 학문을 연구하고 선현들에게 제사를 지내는 곳이었어요. 그러나 나중에는 신하들의 편을 가르고 당파를 키우는 곳이 되었지요.

소수 서원

태평성대를 누려 오던 평화로운 조선에 어느 날 큰일이 닥쳤어요. 1592년 4월, 일본군 20만 명이 부산 앞바다로 쳐들어온 거예요. 갑자기 쳐들어온 일본군은 부산을 휩쓸고 곧 수도 한양으로 향했어요. 한양은 얼마 가지 못해 일본군에 포위되었고 조선의 기개를 보여 주던 경복궁도 불타 버리고 말았지요. 일본과의 전쟁, **임진왜란**에 휘말린 조선의 백성들은 넋을 잃었어요. 일본은 왜 갑자기 조선으로 쳐들어왔을까요?

> 당시 일본은 여러 나라로 나누어져 있다가 하나로 통일이 되었어.

> 일본이 통일되어 강해지자 일본을 이끌던 도요토미 히데요시는 일본과 무역을 잘 해 주지 않았던 조선을 힘으로 억누르기로 한 거야.

　　전쟁이 나자 왕과 신하들은 북쪽으로 도망쳤어요. 남은 백성들만이 스스로 군대를 만들어 일본에 맞섰어요. 승려들도 나라를 지키기 위해 전국에서 의병을 일으켰답니다.

　　임진왜란 때 활약했던 또 다른 유명한 것이 있어요. 바로 이순신 장군이 지휘한 거북선이에요. 거북선은 빠른 몸놀림으로 일본 배를 멋지게 무찔렀어요. 또 권율 장군의 군대도 행주 대첩에서 일본군을 크게 이겼지요.

　　일본은 그 뒤로도 7년 동안이나 여러 차례 조선에 쳐들어왔지만 백성들은 슬기롭게 대처했어요. 하지만 그사이 수많은 백성들이 죽거나 일본으로 끌려가고 국토는 훼손되었어요.

거북선

거북선은 임진왜란 때 크게 활약했어요. 배 윗부분에 철갑을 씌우고 단단한 쇠로 만든 송곳을 꽂아 적군이 올라오지 못하게 했답니다.

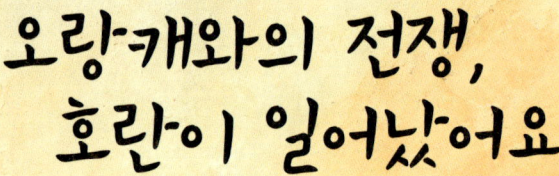

왜란은 일본이 쳐들어온 전쟁이에요. 그럼 호란은 무엇일까요? '호'는 오랑캐라는 뜻으로 북쪽의 오랑캐가 쳐들어온 것을 말하지요. 임진왜란이 끝난 지 얼마 되지 않아 조선에는 호란이 두 차례나 일어났어요.

당시 중국의 사정을 알아볼까요? 여진족이 세운 청나라는 당시 중국의 주인이었던 명나라를 무너뜨릴 기회만 엿보고 있었어요. 명나라는 점점 쇠약해져 갈 뿐이었고요. 그러니 조선은 오랫동안 관계를 맺었던 명나라와 무섭게 성장하는 청나라 사이에서 슬기롭게 대처해야 했어요.

조선의 임금 광해군은 명나라와의 의리를 지키면서도 청나라가 기분이 상하지 않도록 지혜로운 외교를 펼쳤어.

광해군은 얼마 못 가 쫓겨났어. 그 뒤 신하들은 명나라 편만 들었지.

인조가 왕위에 오르자 조선의 외교 방향은 명나라 편으로 완전히 바뀌었어요. 그러자 청나라가 가만히 있지 않았어요. 화가 난 청나라는 조선의 평양성까지 쳐들어왔지요. 이것이 정묘년에 일어난 호란, **정묘호란**이에요.

청나라는 그 뒤 10만 대군을 이끌고 다시 쳐들어왔어요. 바로 **병자호란**이에요. 이번에 조선은 아예 싸우기를 포기했어요. 청나라의 태종은 조선의 인조 임금에게 머리를 조아리며 항복하라고 했지요. 인조는 태종에게 예를 올리는 창피를 당하고서야 나라의 위기를 넘겼답니다.

허준의 《동의보감》

전쟁의 기운이 수그러들자 선조는 의학서를 만들게 했어요. 기근과 병으로 죽어 가는 백성들을 안타깝게 여겨서였지요. 그리하여 허준의 《동의보감》이 탄생되었어요.

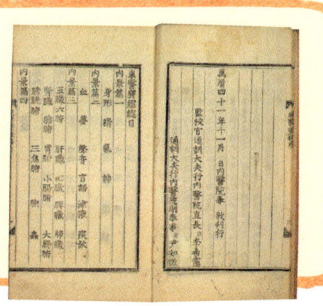

1645년
소현 세자는 당쟁의 희생자가 되었어요

앞에서 훈구파와 사림파 이야기를 했지요? 오랫동안 대결하던 두 파 중에서 결국 승리한 건 사림파였어요. 그럼 이제 싸움 없이 나라의 정치가 잘 이루어졌을까요? 안타깝게도 그렇지 못했어요. 이번에는 같은 사림파끼리 편을 갈라 싸웠거든요. 이것을 **당쟁**이라 해요.

왜 사림파들은 서로 편을 나누었을까?

관직이나 권력을 가지려는 사람은 많았지만 그럴 수 있는 사람은 정해져 있었으니까.

많은 후보 중 누구를 관직에 올리냐를 두고 편을 갈라 싸우기 시작한 거예요. 그러면서 당파는 더 많이 생겨났어요. 나라의 큰일이건 사소한 일이건 늘 맞서서 싸우다 보니 억울한 일을 당하는 사람도 많았지요.

인조 임금의 아들 소현 세자도 그렇게 희생되었어요. 인조가 청나라에게 항복했을 때 소현 세자는 인질이 되어 청나라로 떠나야만 했어요. 하지만 막상 청나라에 가 보니 그곳은 천주교와 서양의 과학, 천문학 등 이전에 몰랐던 새로운 문물이 가득한 세상이었어요. 소현 세자는 이 문물들을 조선 사람들도 꼭 알 필요가 있다고 생각했지요.

하지만 인조와 신하들은 소현 세자를 이해하지 못했어요. 또한 예전에 광해군을 쫓아낸 신하들은 계속 청나라를 거부하려고 했지요. 결국 소현 세자는 신하들의 당쟁 속에서 목숨을 잃게 되었어요.

독도는 우리 땅

17세기 말 숙종 때 안용복이라는 사람은 일본이 독도를 자기네 땅이라고 우기자 일본에 직접 건너가서 당당히 따졌어요. 그리하여 일본은 독도가 조선의 땅임을 인정했대요.

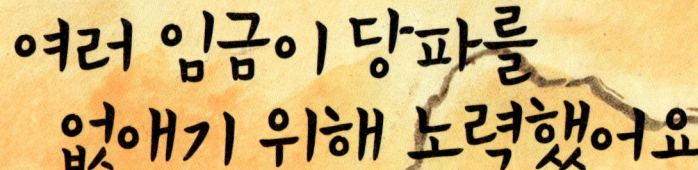

당쟁이 점점 심해지자 조선 제19대 왕 숙종은 **탕평책**을 마련했어요. 탕평책이 뭐냐고요? 바로 당쟁을 없애는 정책이에요. 숙종은 서로 싸우는 신하들을 억눌러 혼란을 잠재우고 왕의 권위를 되찾으려 노력했어요. 또 정치가 공평하고 바르게 이루어지도록 했지요. 조선 제21대 왕 영조 역시 탕평책을 이어 갔어요.

영조는 탕평에 찬성하는 신하들을 중요한 관직에 앉히고, 여러 당파에 골고루 힘을 나누어 주었어.

선비들을 당파로 나누게 하는 서원도 크게 줄였어. 또 백성들과 나라를 추스르는 정책을 폈지.

유네스코 세계 문화유산으로도 정해진 수원 화성 역시 탕평책과 관련이 있어요. 영조를 이은 정조 임금이 당쟁을 뿌리 뽑기 위해 세운 것이거든요. 정조의 아버지인 사도 세자도 당쟁으로 죽음을 맞았어요. 그리하여 정조는 아버지의 무덤이 있는 수원에 화성을 세우고 새로운 정치를 펼쳐 나가기로 다짐했지요.

화성은 당시 최고의 학자였던 정약용이 설계를 맡아 거중기 등 최고의 과학 기술을 동원해 지은 건축물이었어요. 또 정조는 신도시인 화성 백성들의 세금을 면제해 주고 상인들에게 혜택을 주는 등 백성들의 부담을 줄이고 경제를 번창시키는 정책을 펴 나갔답니다.

정선의 〈산수도〉
정선 역시 당쟁 속에서 피해를 입었어요. 그러나 나중에 화가가 되어 영조 임금의 사랑을 듬뿍 받았지요. 그는 중국의 그림을 흉내 내지 않고 실제 조선의 산을 그려 냈어요.

1780년
실학자들이 조선을 개혁하고자 했어요

왜란과 호란을 겪은 조선은 전쟁의 피해를 씻고 백성들을 다독일 수 있는 변화가 필요했어요. 바로 이때 학자들이 나왔답니다. 그전까지 학문이라면 옛글만 들여다보는 것이 전부였어요.

학자들은 이제 학문이 생활에 실제로 쓸모가 있어야 한다고 주장했어.
이것이 바로 **실학**이야.

자, 그럼 유명한 실학자들을 만나 볼까요?

유형원은 농사일에 관심이 많았어요. 유형원은 과거 보기를 포기하고 시골로 가 농민들의 생활을 경험하며 백성들에게는 불리하고 양반에게는 유리한 토지 문제를 해결하려 했어요.

박지원은 청나라를 여행하면서 청나라의 상공업과 신기한 기계에 관심을 가졌어요. 또 청나라 여행기인 《열하일기》와 백성들을 못살게 구는 양반들을 비꼬는 소설도 써냈지요.

정약용은 수원 화성을 지을 때 백성들의 일손을 덜기 위해 무거운 돌을 드는 거중기를 만들어 냈답니다. 또 토지와 세금 제도를 해결하기 위한 책도 썼어요.

그러나 이런 실학자들은 대부분 정치의 중심으로 나가지 못했지요. 또 실학자들을 지원하던 정조가 죽으면서 그나마 조정에 있던 사람들도 밀려나고 말았어요.

서민 문화

농업과 상업이 발달하면서 여유가 생긴 백성들은 문화와 예술에 관심을 가졌어요. 백성의 예술은 감정을 솔직하게 표현하고, 잘못된 현실을 재치 있게 풍자한 것이 많았어요.

채색호도

정조가 죽자 어린 아들 순조가 왕위에 올랐어요. 하지만 순조는 나이가 어려 직접 나랏일을 보지 못했어요. 대신 권력을 쥐고 있던 신하들이 제 마음대로 나라를 다스렸지요. 이것을 **세도 정치**라고 해요. 세도 정치가 시작되자 임금은 힘을 잃었어요. 신하들은 자신들 뜻대로 힘없는 임금만을 골라 왕위에 올리고는 자기 이익대로만 나라를 다스리기 시작했어요. 그러자 정치는 엉망이 되었고, 그 어려움은 고스란히 백성들에게 돌아갔지요.

조선의 세금 제도에도 문제가 많았어요. 우선 땅을 가진 양반들은 세금을 낼 필요가 없었어요. 그러나 양반의 땅을 조금 빌려 농사를 짓는 농민에게는 늘 무거운 세금이 기다리고 있었지요. 또 각 지방마다 내야 할 세금이 언제나 똑같이 정해져 있어 가뭄이 들어 농사를 못 지은 해에도 정해진 세금을 다 내야 했어요. 심지어 관아에서는 갓난아이나 죽은 사람에게까지 세금을 매기기도 했어요. 그뿐만이 아니에요. 백성들이 어렵게 마련해 낸 세금을 못된 관리들이 중간에서 가로채기도 했지요.

머리끝까지 화가 난 농민들은 드디어 진주에서 들고일어났어.
세금을 가로챈 관리를 혼내고 양반들의 집에 불을 지르기도 했지.

이것이 바로 1862년의 **진주 농민 봉기**예요. 이 봉기는 경상도, 전라도, 충청도까지 계속해서 번져 나갔지요. 착하고 순박했던 농민들이 부패한 관리와 사회에 저항해서 화산처럼 일어난 것이었어요.

김정호의 대동여지도

김정호는 조선의 지리, 역사, 산업, 교통, 인구 등을 조사한 다음 한눈에 볼 수 있도록 지도를 만들었어요. 크고 자세할 뿐 아니라 쓰기 편리하고 정확한 우리 역사상 최고의 지도예요.

대동여지도 목판

조선 후기 실학자들은 청나라에서 서양의 새 문물과 사상 등을 들여왔어요. 청나라를 오가는 여러 사신들도 서양 책들을 접하며 여기에 관심을 가졌지요. 이 서양 학문을 '서학'이라고 했어요. 그런데 학문을 넘어 종교인 천주교에 관심을 가지는 사람도 있었어요. 오랜 세월 유교의 영향을 받았던 우리나라에서 서양의 종교는 정말 새로웠지요.

　실학자 정약용의 매부였던 이승훈은 우리나라 사람으로는 처음으로 서양인 신부에게 세례를 받았어요. 그 뒤 조선에서 천주교를 전파했지요.

> 하느님 앞에서 양반과 백성, 노비 등 모든 사람이 평등하다는 천주교의 가르침을 백성들은 특히 좋아했어.
>
> 백성들은 욕심 많은 양반과 관리들에게 불만이 많았거든.

　하지만 유교를 받들던 조선 조정은 천주교가 사회를 어지럽힌다고 생각했어요. 조상을 모시는 제사를 지내지 않거나 신분 제도를 비판하는 천주교 사상은 양반과 관리들에게는 위험한 일이었거든요. 그래서 이런 서양 종교를 믿는 사람들을 죽이거나 탄압했답니다.

　한편 우리의 종교 '동학'도 태어났어요. 최제우는 어려운 백성들의 삶과 세상을 구할 방법을 찾아 전국 방방곡곡을 다녔어요. 그리고 조선에 새로운 희망을 줄 동학을 창시했어요. 동학은 유교, 불교, 도교뿐 아니라 무속 신앙과 서학의 장점까지 받아들인 종교였답니다.

천주교의 흔적들

절두산은 조선 시대 수많은 천주교 신자들이 신앙을 지키다가 처형되었던 곳이에요. 그래서 이름도 머리가 잘리는 산이라는 뜻으로 지어졌어요.

절두산 순교 성지

19세기 후반, 나라 밖의 세상은 매우 빠르게 변하고 있었어요. 서양 열강들은 공업과 기술 문명을 빠르게 발달시키고는 그 힘을 바탕으로 다른 대륙으로 나아갔어요. 세계에 자기 나라의 물건을 팔아 이득을 보는 것은 물론 남의 나라를 그냥 빼앗기도 했지요.

당시 일본과 청나라 역시 대포를 쏘아 대며 몰려오는 서양 세력에 이미 무릎을 꿇은 뒤였어요.

이때 조선의 임금은 고종이었어요. 그러나 너무 어려 스스로 정치를 할 수 없었기 때문에 아버지인 흥선 대원군이 대신 임금의 일을 봐 주었지요.

흥선 대원군은 세도 정치로 약해진 왕권을 튼튼히 하고, 서양이 조선에 들어오지 못하도록 나라 문을 꼭꼭 잠갔어.

그러나 몰려오는 서양 세력을 막기란 역부족이었지.

1866년에는 프랑스 군대가 강화도 앞바다에 쳐들어왔어요. 조선에서 천주교 교도들이 처형된 것을 핑계 삼아 강화도에 진을 친 것이지요. 조선과 프랑스 군대 사이에서는 치열한 전투가 일어났어요. 프랑스가 돌아간 뒤에는 미국이 통상을 맺자며 강화도 앞바다에 나타나는 일이 또 있었고요.

다행히도 프랑스와 미국, 두 강대국을 모두 물리친 흥선 대원군은 나라 문을 더욱 꼭꼭 잠그기로 다짐했어요. 그러나 당시 조선은 폭풍처럼 몰아치는 세상 속에서 선택의 갈림길에 서 있었어요. 이제는 나라 밖 사정을 알아보고 근대화를 이루어야 할 시점이 온 것이었지요.

조선의 《의궤》

서양 열강들은 다른 나라의 문화재도 훔쳐 갔어요. 조선에 온 프랑스는 값비싸게 보이는 물건을 마구 집어 갔는데, 그중에는 조선의 《의궤》도 있었어요. 《의궤》는 조선 왕실의 행사가 어떻게 이루어졌는지를 기록한 매우 중요한 책이지요.
우리나라는 145년만인 2011년, 《의궤》를 프랑스로부터 되찾아 왔답니다.

사진으로 보는 조선 시대 박물관

조선 시대에는 우리나라 문화와 과학이 르네상스를 맞았어요

조선 세종 때에는 과학 기술이 크게 발달했어요. 조선은 기술자들이 천대받던 사회였지만 세종은 장영실을 비롯해 많은 기술자들을 배려해서 연구를 활발히 할 수 있도록 도왔어요. 또 최고의 교육 기관 집현전을 세우고 인재들을 키워서 훈민정음을 창제하는 등 조선의 문화를 일으키는 데 힘썼어요. 그래서 15세기 조선은 세계적으로도 보기 드문 문화 국가를 이룩했답니다.

자격루
조선 시대에 만들어진 시계예요. 물을 이용해서 시간마다 자동으로 종이 울리도록 했어요.

앙부일구
조선 시대에 만들어진 시계예요. 해의 그림자로 시간과 절기를 알 수 있지요.

혼천의
세종 때의 천체 관측기구예요. 해와 달, 오행성의 위치를 측정하는 데에 사용했답니다.

측우기
빗물을 받아 강우량을 재던 기구예요. 세종 때 만들어진 이 측우기는 세계에서 가장 처음으로 쓰기 시작한 것이지요.

간의
혼천의와 함께 천체의 위치를 관측하기 위해 만들어졌어요. 오늘날 각도기와 비슷한 구조를 가지고 있어요.

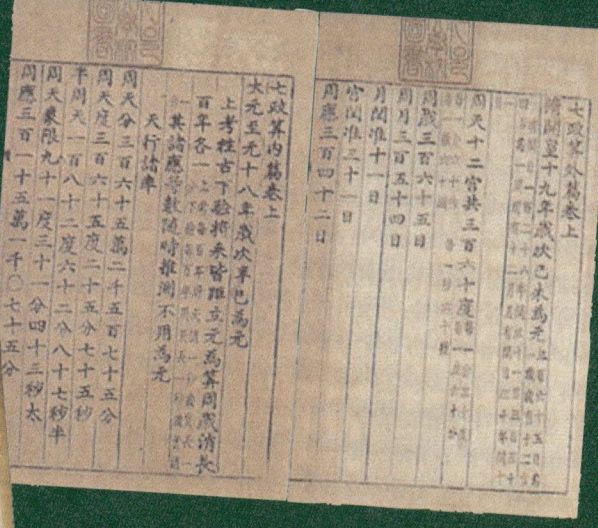

《칠정산》
조선의 달력 체계를 담은 역법서예요. 농사를 짓던 백성들에게 절기를 정확하게 알려 주기 위해 만들었지요.

《농사직설》
고려 때만 해도 우리나라에 알맞은 농사 책이 없었어요. 세종 때에 우리나라 기후와 토양에 잘 맞는 농사법을 책으로 지어 백성들에게 도움이 되도록 했답니다.

《훈민정음 언해본》
세종은 백성들이 글을 모르면 나라를 다스리기 어렵다고 생각했어요. 세종은 조선의 사상과 문화를 백성들에게 전하기 위해 한글을 만들었지요. 《훈민정음 언해본》은 한글을 왜 만들었으며, 어떻게 사용해야 하는지를 써 놓은 책이에요.

조선 후기에는 농업 기술과 상공업이 발달하면서 백성들의 문화도 성장했어요
조선 후기에는 농업 기술이 발달하면서 백성들의 살림살이가 전체적으로 조금씩 나아졌어요. 상업과 무역도 더욱 활발해졌어요. 각 지방마다 시장이 들어서서 경제면에서도 많은 변화가 일어났지요. 여유가 생기자 백성들은 이전까지 양반만이 누릴 수 있었던 문화와 예술을 즐기게 되었어요. 이때 백성들의 문화와 예술은 잘못된 사회 현실을 고발하고 감정을 솔직하게 표현한 것이 많답니다.

탈춤
양반들의 모습을 풍자하고 사회 현실을 날카롭게 비판하는 탈춤이 유행했어요. 탈춤 공연은 상업이 발달한 도시와 시장에서 많이 열렸답니다.

계집탈

사자탈

잡탈

팔선녀탈

한글 소설
오늘날 우리가 잘 알고 있는 《콩쥐팥쥐》, 《장화홍련전》, 《홍길동전》 등이 바로 조선 후기에 나온 한글 소설이에요. 한글 소설은 책으로도 되어 있었지만 책을 읽어 주는 사람이 동네를 돌아다니면서 입으로 들려 주기도 했답니다.

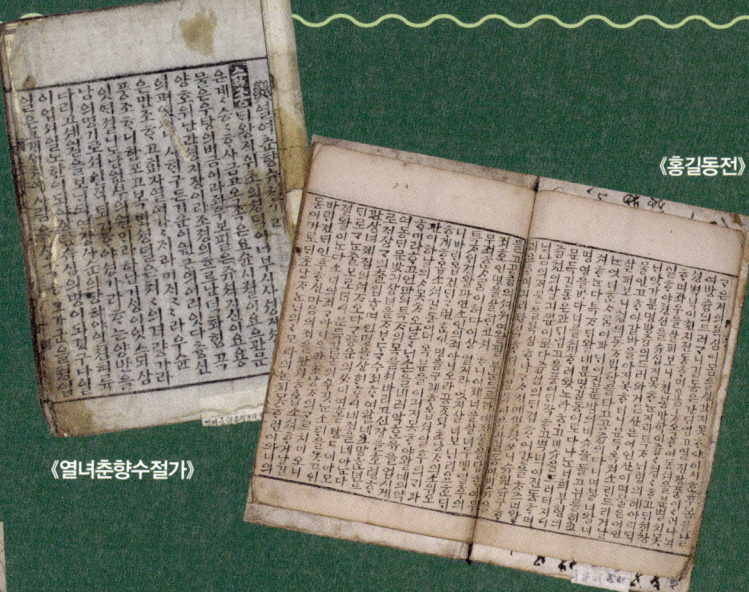

《열녀춘향수절가》

《홍길동전》

풍속화
궁궐이나 귀족들의 그림에서 나아가 조선 후기에는 백성들이 일하는 모습, 솔직한 삶의 모습을 그린 풍속화가 유행했어요. 김홍도와 신윤복은 대표적인 풍속화 화가였지요.

김홍도의 〈씨름〉

신윤복의 〈연당의 여인〉

판소리
판소리는 이야기를 노래와 말로 들려주는 공연이에요. 당시 판소리를 했던 사람은 광대로, 천민이었지만 점차 양반들에게까지 큰 인기를 얻게 되었어요. 《춘향전》, 《심청전》, 《흥부전》 등이 대표적인 판소리랍니다.

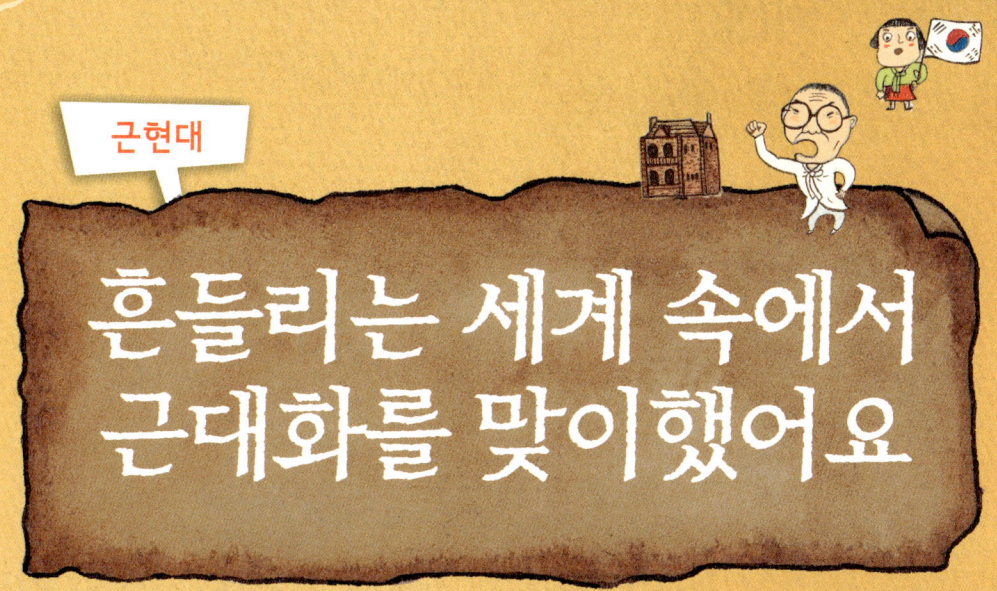

근현대

흔들리는 세계 속에서 근대화를 맞이했어요

근대는 현대 사회를 완성시킨 시기예요. 정치, 경제, 사회, 문화 등 여러 분야에서 커다란 변화가 일어나기 시작한 시기이기도 하고요. 이것은 우리나라뿐 아니라 중국와 일본을 비롯한 세계 여러 나라가 마찬가지였지요.

특히 동양 여러 나라는 몰려오는 서양의 강대국들에게 시달림을 받기도 했어요. 우리나라 역시 서양과 일본, 중국 등 강대국 사이에서 밖으로는 나라의 자주를 지키고 안으로는 근대화를 이루어야 하는 큰 숙제를 안고 있었어요. 커다란 변화가 닥쳤던 근대와 현대 시기까지 지도 여행을 떠나 볼까요?

1876년
일본과 강제로 조약을 맺었어요

1875년 강화도에 이상한 배가 또 나타났어요. 알 수 없는 배가 우리 바다에 나타나자 조선의 군사들은 대포를 쏘았지요. 그러자 멀찌감치 있던 더 큰 배가 우리 쪽으로 대포를 쏘았어요. 바로 일본의 운요호였어요. 여기에는 일본의 교묘한 속셈이 있었지요.

조선의 맹렬한 저항에 프랑스와 미국 등 서양 세력이 주춤하는 사이 일본이 조선을 넘보기 시작했어요. 일본 배가 예고 없이 조선의 바다를 침범했음에도 일본은 조선이 먼저 대포를 쏘았다며 조약을 맺어야 한다고 주장했지요. 그러고는 일본과 통상을 맺지 않으면 전쟁이 일어날 것이라며 겁을 주었어요. 조선은 고민했지만 청나라까지 나서서 일본 편을 들자 결국 일본의 조약안을 받아들였어요. 그러나 문제가 있었어요.

국제법을 몰랐던 조선은 일본에게만 유리한 불평등 조약을 맺고 말았지.

이것이 바로 **강화도 조약**이야.

일본은 이미 서양의 여러 열강과 강제로 통상 조약을 맺고 나라의 문을 열었어요. 불평등한 조건으로 나라의 문을 열기는 했지만 그 뒤 일본은 빠르게 변했지요. 서양의 법, 제도, 산업, 문화를 배워서 '근대화'를 이루어 갔거든요. 더 나아가 일본은 서양 열강들처럼 식민지를 갖고 싶어 했어요. 강화도 조약은 조선을 식민지로 만들기 위한 첫걸음인 셈이었지요.

강화도 조약에 이어 조선은 미국, 영국, 독일, 러시아, 프랑스와도 조약을 맺게 되었어요. 조선을 둘러싼 국제 정세는 더욱 복잡해져 가고 있었답니다.

갑신정변

강화도 조약이 체결된 뒤 몇몇 신하들 사이에서는 근대화를 일으키자는 움직임이 일어났어요. 근대화를 이루자는 생각은 좋았지만 일본에게 너무 의존했기 때문에 이것은 결국 실패하고 말았어요.

1894년

동학 농민 운동이 일어났어요

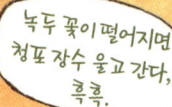
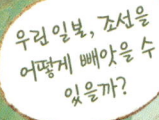

일본과 조약을 맺은 조선은 어쩔 수 없이 꼭꼭 잠갔던 나라 문을 열었어요. 이제 조선은 밖으로는 열강들 사이에서 나라를 지키고, 안으로는 제도를 개혁하고 근대화를 이루어야 하는 숙제를 안고 있었어요.

그런 혼란 속에서 힘겹게 생활하던 농민들이 다시 봉기를 일으켰어.
바로 **동학 농민 운동**이지.

1894년 1월이었어요. 전라도 고부 군수 조병갑이 농민들을 착취하며 횡포를 부린 지 오래였어요. 참다못한 고부 농민들은 화가 나 크게 들고 일어났지요. 그 가운데 전봉준이 있었어요. 전봉준은 우리 종교인 동학을 따랐답니다. 고통받는 백성들에게 희망을 줄 수 있을 거라고 생각했거든요. 전봉준은 관아의 곡식을 꺼내 백성들에게 나눠 주고, 억울하게 갇혀 있던 사람들도 풀어 주었어요. 이 소식에 농민들이 각지에서 모여들어 잘못된 나라를 바로 잡겠다고 뜻을 모았어요.

나라에서는 농민군을 진압하려고 군대를 보냈지만 농민군의 기세는 꺾이지 않았어요. 무능한 조정 신하들은 우리 백성들을 진압해 달라고 청나라에 도움을 구했어요. 그렇게 해서 청나라가 조선에 들어오자 조선을 호시탐탐 노리고 있던 일본마저 조선에 들어왔어요. 더욱이 두 나라는 누가 조선을 누가 차지할 것이냐를 두고 전쟁을 벌이기까지 했어요.

결국 전봉준은 죽고 동학 농민 운동도 실패했어요. 그러나 이 운동은 백성이야말로 나라의 진정한 주인이라는 것을 똑똑히 보여 주었답니다.

갑오개혁

1894년 일본군은 총칼로 위협하며 조선의 제도를 강제로 개혁했어요. 조선을 더욱 잘 지배하기 위해서였지요. 그러나 신분 제도를 없애고, 세금 제도를 고치는 등 당시 꼭 필요한 개혁도 있었어요.

명성 황후가 슬픈 죽음을 맞이했어요

1895년

변하는 세상 속에 나라 문을 꼭꼭 잠그려고만 했던 흥선 대원군은 결국 시대의 흐름에 밀려나고 말았어요. 이제는 고종이 직접 나라를 다스렸지요. 그러나 조선은 이미 청나라와 일본에 휘둘리며 휘청거리고 있었어요. 신하들 역시 청나라나 일본 편을 들면서 제 이익을 챙기기 바빴지요.

　그러는 동안 일본은 조선을 집어삼키겠다는 욕심으로 우리 백성들을 죽이는 등 온갖 끔찍한 일을 다 저지르고 있었어요.

1895년 어느 날, 경복궁의 정문 광화문에서 총소리가 났어.

거칠 것 없던 일본은 조선의 명성 황후를 잔인하게 죽였어.

　명성 황후가 일본을 멀리하고 청나라와 러시아를 가까이한다는 이유 때문이었어요. 일본은 죽은 명성 황후를 숲에서 몰래 태워 버렸답니다. 그러고는 고종에게 명성 황후가 반란을 일으키고 도망쳤다고 거짓말을 했어요.

　고종은 그 말을 믿지 않았지만 이미 조선을 제 마음대로 휘두르고 다니는 일본에게 뭐라고 할 수가 없었어요. 을미년에 일어난 이 일은 **을미사변**이라고도 불러요. 이 일이 있은 다음, 고종은 일본을 피해 러시아 공사관에서 머무르게 되었지요.

　정말 있을 수 없는 비극적인 일이지요? 당시 강대국들 사이에서 휘청거리던 조선의 슬픈 모습이었답니다.

향원정

일본은 명성 황후의 시신을 태우고는 흔적을 없애기 위해 이곳 경복궁 향원정에 뿌렸다고 해요. 슬픈 역사가 깃든 곳이지만 1887년에는 우리나라 처음으로 전기가 들어와 이곳 향원정에서 불을 켜고 진귀한 풍경을 만들어 내기도 했어요.

1907~1910년

일본에게 나라를 빼앗기고 말았어요

고종은 을미사변의 슬픔을 딛고 나라를 지키려 애썼어요. 고종은 나라 이름을 대한 제국이라고 고치고 스스로 황제가 되었지요. 하지만 대한 제국은 일본을 막기에는 힘이 부족했어요. 일본은 대한 제국이 스스로 나라를 다스리지 못하니 외교 문제를 대신 처리하겠다고 했지요.

이 말은 나라를 그냥 내놓으라는 것이나 다름없어.

외교는 다른 나라와 동등한 위치에서 관계를 맺는 것인데, 외교를 일본이 대신하면 일본의 지배를 받는 나라가 되는 셈이니까.

고종은 일본의 요구를 끝까지 반대했어요. 하지만 일본 편에 있던 몇몇 대한 제국 신하들은 일본과 **을사조약**을 맺지요. 이렇게 해서 결국 대한 제국의 주권은 일본에 넘어가고 말았어요.

소식을 들은 조정의 어떤 신하들은 슬픔에 목숨을 끊었어요. 백성들은 나라 곳곳에서 의병을 일으켜 일본에 저항했어요. 고종은 네덜란드 헤이그에서 열린 국제회의에 세 명의 신하를 급히 보내 이 사실을 알리고 도움을 구했지요. 하지만 그 어느 나라도 관심을 기울이지 않았어요.

이제 일본은 대한 제국을 마음 놓고 지배했어요. 고종 황제 다음에는 순종이 황제를 이었지만 역시 힘이 없었지요. 일본은 순종 황제마저 내쫓고 1910년, 대한 제국을 완전히 손에 넣고 말았어요.

조선 총독부

1910년 대한 제국이 일본에 지배를 받기 시작해서 1945년 광복이 될 때까지 운영되었던 최고의 식민 통치 기구예요. 경복궁 앞을 가로막고 서 있던 이 건물은 지금은 철거되었어요.

식민지가 된 우리나라의 백성들은 어떻게 살았을까요? 일본은 우리 땅과 쌀을 다 빼앗아 갔어요. 그렇지 않아도 어렵게 살던 백성들은 끼니조차 해결하지 못할 정도가 되었지요. 뿐만이 아니에요. 일본은 조선 남자들을 강제로 전쟁터에 내보냈어요. 여자들도 끌고 가서 일본 군인들의 노리갯감으로 삼았어요. 대한 제국의 역사와 문화마저 없애려고 우리말을 쓰지 못하게 하고 이름을 모두 일본식으로 바꾸게 했지요.

설움을 당하던 백성들은 나라를 되찾기 위해 몸부림을 쳤어.

을사조약을 맺은 다음, 일본은 가장 먼저 우리 군대를 해산시켰어요. 이에 화가 난 군인들은 의병이 되었어요. 유학을 공부한 양반들도 여기에 힘을 더했고요. 이렇게 의병이 커져 가자 나중에는 농민과 일반 백성까지 참여했지요. 의병들은 전국에서 일어나 일본과 서양 열강들이 우리나라를 마음대로 하는 것에 반대했어요.

다른 쪽에서는 우리 스스로 교육과 산업을 발달시켜 나라를 되찾을 힘을 기르자는 사람들도 있었어요. 이들은 학교를 세우고 신문과 잡지에 글을 써 백성들에게서 우리 역사를 가르치고 독립할 힘을 키우려고 했어요.

나라 밖에서도 애국 운동이 일어났지요. 안중근은 러시아 땅에서 일본의 중요한 관리였던 이토 히로부미를 총으로 쏘아 죽였어요.

대한 제국 백성들의 독립에 대한 염원은 이처럼 더욱 커져 갔답니다.

국채 보상 운동

잃어버린 나라를 되찾기 위해 일본에게 진 빚을 갚자는 운동이 일어났어요. 남자들은 담배를 끊고 여자들은 반지를 팔아 헌금을 마련했지요.

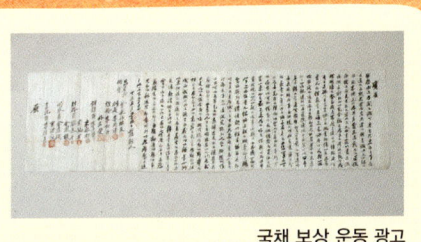

국채 보상 운동 광고

일본의 식민 지배가 심해질수록 나라 안팎에서는 독립을 간절히 바라는 백성들의 의지가 더욱 뜨거워졌어요. 그러던 어느 날, 고종 황제가 세상을 떠나고 말았어요. 백성들은 갑작스러운 고종의 죽음에 놀라며 슬퍼했지요. 더욱이 일본이 고종을 죽인 거라는 소문이 돌면서 백성들의 분노는 하늘을 찔렀어요.

　　독립운동을 전부터 계획하고 있던 종교 지도자와 학생들은 고종의 장례식이 다가오는 그날 독립운동을 일으키기로 결정했지요. 마침내 1919년 3월 1일 아침, 서울 종로의 탑골 공원에서 한 학생이 〈독립 선언서〉를 낭독했어요. 바로 **3·1 운동**이 일어난 거예요.

> 우리는 조선이 독립된 나라임을, 조선 사람이 주인임을 선언하노라. 세계 모든 나라에 이를 알려 모든 사람이 평등하다는 큰 뜻을 분명히 하고, 자손들이 대대로 우리 민족의 나라를 영원히 갖게 하노라…….

　　마음이 벅차올라 한동안 말이 없던 사람들 틈에서 "대한 독립 만세!"라는 함성이 터져 나왔어요. 일본의 총칼도 더는 무섭지 않았답니다. 전국은 몇 달 동안이나 간절한 만세 소리로 가득 찼어요. 만세 운동을 한 많은 사람들은 일본에 잡혀가서 고문을 겪거나 죽기도 했어요. 그러나 온 백성이 모여 하나가 된 이 일은 독립의 커다란 희망이 되어 주었지요.

대한민국 임시 정부

3·1 운동 정신을 계승해 국권을 되찾고자 1919년 9월, 중국 상하이에 대한민국 임시 정부가 세워졌어요. 대한민국은 대한 제국이 멸망한 다음 우리 민족이 다시 세운 10년 만의 새 나라였지요.

대한민국 임시 정부 의원들

일본의 식민지 지배가 심해지자 우리 의병은 한반도 땅에서 더 이상 활동하기가 어렵게 되었어요. 그래서 우리나라와 가까운 만주나 연해주, 시베리아 등으로 옮겨 가서 독립 투쟁을 계속 해 나갔지요. 이곳에서 의병들은 독립군으로 성장했답니다.

당시 독립군은 뛰어난 병사들과 무기를 갖춘 강력한 군대였어.

일본군을 두려움에 벌벌 떨게 했던 독립군의 유명한 활약이 있지.

만주에 자리 잡은 봉오동에서는 홍범도 장군이 이끄는 독립군 부대가 일본군과 싸워 큰 승리를 이끌어 냈어요. 이것이 바로 **봉오동 전투**예요. 이 전투는 독립군의 사기를 높여 주었답니다. 이를 기회 삼아 독립군들은 일본을 모두 몰아내기 위한 작전을 본격적으로 짜기 시작했어요.

그리고 이어 독립운동의 꽃이 되었던 **청산리 대첩**이 일어났어요. 1920년, 청산리 골짜기 곳곳에서 김좌진 장군의 독립군과 일본군의 전투가 여러 차례 벌어졌어요. 이번에도 독립군은 멋지게 승리했지요.

당시 독립군은 일본군보다 군인과 무기가 훨씬 더 적었답니다. 그런 불리한 상황 속에서 승리를 이끌어 낸 이 전투를 사람들은 기적 같은 일이라고 말했어요. 아마 그것은 독립에 대한 우리 민족의 소망이 어떤 강한 무기보다도 더 강했기 때문이 아니었을까요?

비밀 결사 대원들의 활약

백범 김구가 이끈 한인 애국단의 활약도 유명했어요. 그중 윤봉길 의사는 도시락처럼 만든 폭탄을 던져 일본의 관리들을 죽거나 다치게 했어요. 우리나라를 침략한 일본에 경고를 보낸 것이지요.

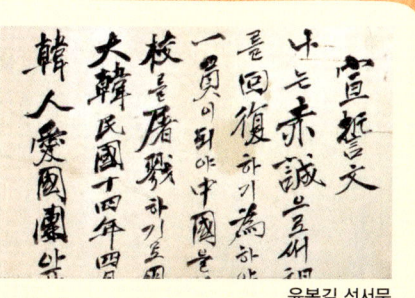

윤봉길 선서문

1945년 8월 15일, 일본 왕의 목소리가 방송을 타고 흘렀어요.
'일본은 항복을 선언합니다.'

일본이 독일, 이탈리아와 손을 잡고 세계 대전에 뛰어들자 미국은 일본에 원자 폭탄을 터뜨렸어요. 엄청난 힘을 가진 원자 폭탄이 떨어지자 일본은 삽시간에 불구덩이가 되었고, 모든 것이 산산조각 났어요. 잿더미가 된 일본은 어쩔 수 없이 항복을 선언했어요. 일본이 항복하자 곧 대한민국은 해방되었고요.

하지만 아쉽게도 이것은 우리의 힘으로 이룬 독립이 아니었어.
해방이 되었지만 우리는 소련과 미국의 간섭을 받게 되었지.

38선을 경계로 북쪽은 소련이, 남쪽은 미국이 군사 정부를 세우고 자기들이 이 나라의 주인처럼 행세하기 시작했지요. 또 미국과 소련이라는 두 강대국이 대립하는 상황 속에서 우리나라 사람들도 미국을 찬성하는 사람, 소련을 찬성하는 사람으로 편이 갈렸어요.

그래서 해방된 지 2년이 지나고도 우리는 여전히 독립 국가가 되지 못했어요. 그러다 1948년 5월 10일, 결국 남한에서만 총선거를 열어 정부를 수립했답니다. 이로써 역사상 처음으로 민주주의 정치가 시작되었지만 한편으로 우리나라는 남과 북이 나뉘는 아픔을 겪게 되었지요. 북쪽에서는 같은 해 9월 9일, 조선 민주주의 인민 공화국을 따로 세웠답니다.

김구

김구는 나라가 분단되는 것을 막기 위해 38선을 없애자고 주장했어요. 또 남한에서만 선거를 하는 것을 반대했지요. 그러나 이러한 노력에도 남과 북은 서로 다른 나라가 되고 말았어요.

남과 북에 서로 다른 정부가 들어선 지 2년이 지났어요. 그사이 강대국인 미국과 소련은 더욱 사이가 나빠졌고, 덩달아 남과 북의 사이도 나빠졌어요. 그러던 1950년 6월 25일 일요일, 북쪽에서 쿵쿵거리는 소리가 들려왔어요. 북한 인민군이 대포를 쏘며 남쪽으로 내려온 것이었어요.

북한 인민군은 많은 무기와 병사들로 의정부를 넘어 금세 서울로 쳐들어왔어요. 서울 시민들은 그제야 급히 피난길에 올랐지요. 다급해진 이승만 대통령은 미국에 도움을 구했어요. 그리하여 미군과 유엔군이 남한에 도착했지만 이미 북한 인민군이 지금의 경상도를 뺀 나머지 남한 지역을 모두 손에 넣은 뒤였어요. 서울을 빼앗긴 남한은 부산을 임시 수도로 삼았어요. 당시 부산은 피난민들로 발 디딜 틈이 없을 정도였다고 해요.

그러다 유엔군 사령관 맥아더 장군이 이끄는 인천 상륙 작전으로 국군은 가까스로 서울을 되찾게 되었어요. 이번에는 국군이 38선을 넘어 북쪽으로 올라갔지요. 국군이 압록강까지 손에 넣자 이제 중국까지 전쟁에 끼어들었어요.

남한과 북한은 밀고 밀리는 전쟁을 계속했어. 치열하게 전쟁하는 동안 수많은 사람들은 죽거나 다치고 가족을 잃었지.

마침내 1953년 7월 유엔군의 대표와 북한의 대표는 전쟁을 쉬자는 약속을 했어요. 이로써 3년에 걸친 전쟁은 끝났어요. 그러나 지금도 한반도는 전쟁이 쉬고 있는 상태에 있어요. 한반도의 완전한 평화를 이루는 숙제가 우리에게 아직 남아 있지요.

전쟁의 상처

전쟁은 남과 북 사람들의 마음에 큰 상처를 남겼어요. 전쟁으로 가족과 헤어진 사람들은 60년이 지난 지금까지 서로 만나지 못하고 있어요.

민주화 투쟁이 일어났어요

1960~1987년

우리나라 대통령은 몇 년 동안 대통령을 할 수 있을까요? 5년이에요. 5년이 지나면 선거를 통해 다른 대표자가 대통령이 돼요. 하지만 우리나라 첫 대통령 이승만은 무려 12년이나 대통령을 했어요.

어떻게 이렇게 오랫동안 대통령을 할 수 있었을까?

정정당당하게 선거를 하지 않고 부정한 방법을 썼기 때문이지.

이승만은 오랫동안 권력을 차지하고는 독재 정치를 했어요. 국민의 뜻을 무시하고 자기 마음대로 나라를 다스리다 보니 경제는 어려워지고 국민들은 살기가 힘들었지요.

1960년 4월 19일, 참다못한 국민들은 시위를 벌였어요. 독재를 무너뜨리고 자유와 민주주의를 바로 세우려는 시도였지요. 그리하여 아시아에서 최초로 국민의 힘으로 독재 정치를 무너뜨렸답니다. 그러나 민주주의를 실현하는 것은 그리 쉽지만은 않았어요. 그 뒤에도 다시 박정희, 전두환 정부의 독재 정치를 맞게 되었거든요.

1980년 5월 18일, 광주에서는 민주화를 요구하는 시위가 크게 또 일어났어요. 하지만 군인들은 시민들을 무참히 짓밟고 총을 쏘기까지 했답니다.

지금 우리가 누리는 자유와 민주주의는 자연스레 얻어진 것이 아니에요. 많은 사람들의 피와 눈물 어린 노력이 있었지요. 민주주의를 지키고 발전시키기 위해서는 앞으로도 노력이 계속되어야 할 거예요.

전태일

전쟁이 끝난 뒤 우리 국민들의 가장 큰 꿈은 가난에서 벗어나 잘사는 일이었어요. 그래서 눈부신 경제 성장을 이루었지만 정작 노동자들은 인간다운 생활을 하지 못했어요. 전태일은 그러한 노동자들의 권리를 외친 사람이에요.

청계천에 세워진 전태일 동상

사진으로 보는 근현대 박물관

 근대의 역사는 우리 가까이에서 그 흔적을 찾아볼 수 있어요

근대는 세계적으로도 큰 변화의 시기였어요. 서양 세력과 문물이 몰려오고 일본에게 35년 동안이나 강제로 지배를 받으면서 우리나라 역시 어느 때보다 힘겨운 시기를 보냈지요. 그러나 우리 조상들은 더 큰 어려움을 겪는 것을 마다하지 않고 독립운동에 나서서 나라를 구하고 민족의 정신을 살찌웠어요. 지금도 우리와 가까운 곳곳에 그러한 정신과 역사가 남겨져 있답니다.

운현궁
흥선 대원군과 그의 아들인 고종이 살았던 집이에요. 흥선 대원군이 나라의 권력을 잡고 있을 때 이곳은 정치의 중심 무대가 되었답니다. 마당에는 고종이 어릴 적 타고 놀던 나무가 지금도 남아 있어요.

우정총국
고종 21년(1884년)에는 근대식 우편 제도가 도입되었어요. 우정총국은 우체 업무를 담당하던 관청이지요. 이곳은 조선의 개화파 신하들이 갑신정변을 일으킨 곳이기도 해요.

경인 미술관
갑신정변을 이끌었던 신하들 중 박영효가 살았던 집이에요. 지금은 집의 일부만 남아서 미술관으로 운영되고 있어요.

덕수궁 정관헌
덕수궁에 있는 건물로 왕이 휴식을 취하던 곳이에요. 고종은 이곳에서 종종 커피를 마시며 클래식 음악을 들었다고 해요. 서양 문물이 전래되던 때에 지어져 다른 궁궐 건물들과는 달리 서양식으로 지어져 있어요.

천도교 중앙 대교당
최제우가 창시한 동학의 3대 교주인 손병희는 동학을 천도교로 바꾸었어요. 교도들의 성금으로 세운 이 건물은 항일 운동의 근거지가 되었답니다.

민영환 자결터
을사조약이 체결되자 민영환은 거기에 반대하는 상소를 올렸어요. 하지만 결국 나라를 빼앗기자 1905년 11월 30일 국민과 외교 사절, 황제에게 보내는 유서 3통을 남기고 자결했지요. 지금 자결터에는 기념비가 세워져 있어요.

탑골 공원
서울에 세워진 최초의 근대식 공원이에요. 1919년 3월 1일 학생들이 처음으로 〈독립 선언서〉를 낭독하고 독립을 외친 곳으로, 3·1 운동의 발상지이지요.

서대문 역사박물관
일제 강점기에 경성 감옥으로 불리던 곳이에요. 우리나라가 해방이 될 때까지 나라를 위해 싸운 많은 독립운동가들이 이곳에 잡혀 와 고통을 받았답니다.

독립문
갑오개혁이 있은 다음, 자주독립의 의지를 다지기 위해 만든 기념물이에요. 외국 세력의 간섭은 그 어떤 것도 허락하지 않겠다는 뜻으로 중국의 사신을 맞이하던 영은문을 헐고 그 자리에 독립문을 세웠지요.

승동 교회
1893년 미국 선교사가 지은 2층짜리 예배당이에요. 승동 교회는 민족주의 색채가 짙은 교회였지요. 1919년 일어난 3·1 운동의 지침과 계획이 논의된 곳으로도 유명해요.

광복을 맞이하고도 우리나라는 전쟁과 민주화 투쟁 등 격변의 현대를 보냈어요

같은 민족끼리 총을 겨누었던 6·25 전쟁은 지금도 우리 민족의 마음속에 큰 상처로 남아 있어요. 또 전쟁의 비참함을 겨우 수습할 무렵부터는 독재 정치가 시작되어 나라와 민심이 혼란스러웠어요. 당시 나라 이곳저곳에서는 민주주의를 외치는 시위가 뜨겁게 일어났답니다.

자유의 다리
전쟁이 끝난 다음 판문점 자유의 다리에서 남북의 포로를 교환했어요. 이 다리에 서서 남이나 북으로 한번 갈 곳을 정하면 다시는 되돌아갈 수 없다고 해서 '돌아오지 않는 다리'라고도 불렀어요.

임진각
임진강이 내려다보이는 곳에 있는 임진각은 휴전선에서 남쪽으로 7킬로미터 떨어져 있어요. 이곳 임진각 망배단에서는 해마다 명절이 되면 북쪽에 가족을 두고 있는 실향민들이 제사를 지낸답니다.

국립 4·19 민주 묘지
4·19 혁명은 국민들이 이승만의 독재 정치를 무너뜨린 사건이었어요. 이때 숨진 희생자들이 묻혀 있는 곳이지요.

명동 성당
몇 십 년이나 이어진 군사 독재에 반대한 민주화 시위인 6월 항쟁의 중심 무대가 된 곳이에요. 명동 성당은 독재 권력에 저항하며 시민들을 보호하는 데 앞장섰지요.

한국사 연표

선사 시대

기원전

약 70만 년 전 구석기 시대
약 8000년경 신석기 시대
2333년 고조선 건국
400년경 철기 문화의 보급
108년 고조선 멸망

삼국 시대

기원전

57년 신라 건국
37년 고구려 건국
18년 백제 건국

서기

42년 가야 건국
194년 고구려 진대법 실시
384년 백제 침류왕, 불교 공인
427년 고구려 장수왕, 평양으로 수도 옮김
520년 신라 법흥왕, 율령 반포
538년 백제의 성왕, 사비로 수도 옮김
562년 신라의 진흥왕, 대가야를 정복
612년 고구려의 살수 대첩 승리
648년 신라와 당의 동맹
660년 백제 멸망
668년 고구려 멸망
676년 신라의 삼국 통일

남북국 시대

698년 발해 건국
751년 신라, 불국사와 석굴암 건설
828년 신라 장보고, 청해진 설치
900년 견훤, 후백제 건국
901년 궁예, 후고구려 건국
918년 왕건, 고려 건국
926년 발해 멸망
935년 신라 멸망

고려 시대

936년 후백제 멸망, 고려의 후삼국 통일
956년 광종, 노비안검법 실시
958년 광종, 과거 제도 실시
993년 서희, 강동 6주 탈환
1019년 강감찬의 귀주 대첩
1126년 이자겸의 난
1135년 묘청의 서경 천도 운동
1145년 김부식, 《삼국사기》 완성
1170년 무신의 난
1198년 노비 만적의 봉기
1231년 몽골의 1차 침입
1236년 팔만대장경 조판 시작
1270년 삼별초의 항전
1285년 일연, 《삼국유사》 완성
1356년 공민왕의 개혁 정치 시작
1359년 홍건적의 침입
1376년 최영, 왜구 정벌
1388년 이성계, 위화도 회군

조선 시대

1392년 고려 멸망, 조선 건국
1394년 한양 천도
1395년 경복궁 완성
1413년 호패법 제정

1418년 세종 즉위
1420년 집현전 설치
1446년 훈민정음 반포
1485년 《경국대전》 완성
1519년 기묘사화
1592년 임진왜란, 한산도 대첩
1593년 행주 대첩
1597년 명량 해전
1610년 허준, 《동의보감》 완성
1627년 정묘호란
1636년 병자호란
1708년 전국에 대동법 실시
1725년 영조, 탕평책 실시
1750년 균역법 실시
1776년 규장각 설치
1785년 천주교도 처형
1796년 수원 화성 완성
1805년 안동 김씨의 세도 정치 시작
1860년 최제우, 동학 창시
1861년 김정호, 〈대동여지도〉 완성

근대

1863년 고종 즉위, 흥선 대원군 집권
1866년 병인양요
1868년 경복궁 중건
1871년 신미양요
1875년 운요호 사건
1876년 강화도 조약 체결
1882년 임오군란, 미국과 통상 조약 체결
1884년 갑신정변, 우정국 설치
1894년 동학 농민 운동, 갑오개혁
1897년 대한 제국 성립
1905년 을사조약
1907년 헤이그 특사 파견, 고종의 퇴위
1909년 안중근, 이토 히로부미 처단
1910년 한일 병합
1919년 3·1 운동, 대한민국 임시 정부 수립
1920년 봉오동 전투, 청산리 대첩
1926년 6·10 만세 운동
1929년 광주 학생 항일 운동
1932년 이봉창, 윤봉길 의거
1936년 손기정, 베를린 올림픽 마라톤 우승
1940년 광복군 결성

현대

1945년 8·15 광복
1946년 제1차 미·소 공동 위원회
1948년 대한민국 정부 수립
1950년 6·25 전쟁
1953년 휴전 협정 조인
1960년 4·19 혁명
1961년 5·16 군사 쿠데타
1965년 한일 협정 조인
1970년 경부 고속 도로 개통
1972년 7·4 남북 공동 성명
1980년 5·18 광주 민주화 운동
1987년 6월 민주 항쟁
1988년 서울 올림픽 개최
1997년 IMF 외환 위기
2000년 남북 정상 회담, 6·15 남북 공동 선언
2002년 한일 월드컵 공동 개최

사진 제공과 출처

13쪽	주먹 도끼, 밀개_국립중앙박물관	찌르개_국립청주박물관
15쪽	청동검, 청동 거울_국립중앙박물관
19쪽	솟대_두피디아
20쪽	공주 석장리, 뿔괭이, 돌괭이_두피디아	단양 금굴_북앤포토
21쪽	빗살무늬 토기, 갈돌과 갈판, 가락바퀴_국립중앙박물관	뼈바늘_한양대학교박물관	탁자식 고인돌_위키피디아	바둑판식 고인돌_김소정
22쪽	마니산 참성단_두피디아
23쪽	철제 무기_국립중앙박물관	솟대_위키피디아
27쪽	수산리 고분 벽화_김소정
29쪽	풍납토성_위키피디아	풍납토성 유물_김소정
33쪽	수레바퀴모양토기_국립진주박물관	오리모양토기_국립중앙박물관	기마인물형토기_국립경주박물관
35쪽	광개토 대왕비_청아출판사
39쪽	진흥왕 순수비_김소정
41쪽	낙화암_두피디아
43쪽	평양성 현무문_청아출판사
45쪽	대왕암_청아출판사
46쪽	부처와 보살_국립중앙박물관	고구려 예불도_문화콘텐츠닷컴
47쪽	금동 미륵보살 반가 사유상_국립중앙박물관	미륵사지 석탑_두피디아	백제 정림사지 5층 석탑_김소정
48쪽	황룡사 터_두피디아	황룡사 9층 목탑 복원품, 분황사 석탑_청아출판사	이차돈 순교비_국립경주박물관
49쪽	호류사 5층 목탑, 호류사 백제 관음상, 금당 벽화_청아출판사
53쪽	둔황 석굴_위키피디아
55쪽	정효 공주 무덤 벽화_김소정
58쪽	안압지, 감은사지 3층 석탑_위키피디아
59쪽	불국사, 석굴암_위키피디아	성덕 대왕 신종_최문영	석가탑, 다보탑_김소정
60쪽	석등_북앤포토	돌사자상, 발해 영광탑_김소정
61쪽	연꽃무늬 수막새_국립중앙박물관	발해의 치미, 글씨가 있는 불비상_김소정	구름 모양 자배기, 나란히 앉은 두 부처상_청아출판사
69쪽	무인석과 문인석_청아출판사
71쪽	청자음각연판문주자, 청자매화대나무학무늬매병_국립중앙박물관
73쪽	초조대장경_국립민속박물관
75쪽	족두리_국립민속박물관
77쪽	삼국유사와 삼국사기_규장각한국학연구원
79쪽	목화_위키피디아
80쪽	해인사 장경각_위키피디아	팔만대장경 목판본_국립중앙박물관	직지심체요절_한국학중앙연구원	고려 금속 활자_국립중앙박물관
81쪽	문익점 목화 재배지_두피디아	베틀, 물레, 씨아_국립민속박물관	현자총통_최문영
82쪽	부석사 무량수전, 경천사 10층 석탑_위키피디아	봉정사 극락전_두피디아
83쪽	청자상감칠보무늬병, 청자상감국화무늬잔과 잔 받침, 청자구형연적, 청자연꽃줄기무늬병, 청자칠보무늬향로_국립중앙박물관
87쪽	선죽교_청아출판사
89쪽	숭례문_위키피디아
91쪽	삼강행실도_국립중앙박물관	용비어천가_서울역사박물관
93쪽	청령포_최문영
95쪽	소수 서원_김소정
97쪽	거북선_청아출판사
99쪽	동의보감_국립중앙도서관
101쪽	독도_위키피디아
103쪽	정선의 산수도_국립중앙박물관
105쪽	채색호도_국립민속박물관
107쪽	대동여지도 목판_국립중앙박물관
109쪽	절두산 순교 성지_김소정
112쪽	자격루, 혼천의_위키피디아	앙부일구, 측우기_김소정
113쪽	간의_김소정	칠정산, 농사직설_규장각한국학연구원	훈민정음 언해본_서강대학교 로욜라도서관
114쪽	탈춤_위키피디아	계집탈, 사자탈, 잡탈, 팔선녀탈_국립민속박물관
115쪽	열녀춘향수절가, 홍길동전_국립중앙박물관	김홍도의 씨름, 신윤복의 연당의 여인_국립중앙박물관	판소리_위키피디아
123쪽	향원정_김소정
125쪽	조선 총독부_위키피디아
127쪽	국채 보상 운동 광고_청아출판사
129쪽	대한민국 임시 정부 의원들_청아출판사
131쪽	윤봉길 선서문_국립중앙박물관
133쪽	김구_청아출판사
137쪽	전태일 동상_최문영
138쪽	운현궁, 우정총국_김소정
139쪽	경인 미술관, 천도교 중앙대교당, 민영환 자결터_김소정	덕수궁 정관헌_위키피디아
140쪽	탑골 공원, 서대문 역사박물관, 승동 교회_김소정	독립문_위키피디아
141쪽	자유의 다리, 명동 성당_청아출판사	임진각_위키피디아	4·19 민주 묘지_두피디아

* 니케주니어는 이 책에 실은 모든 자료의 출처를 찾기 위해 최선을 다했습니다. 누락이나 착오가 있으면 저작권자가 확인되는 대로 사용 허가를 받고 통상의 사용료를 지불하겠습니다.